조다윗 선교사의
세계와 시대읽기

조다윗 선교사의 **세계와 시대읽기**

2017년 1월 3일 초판 1쇄
2018년 8월 13일 개정판 1쇄
2024년 2월 14일 개정2판 1쇄

지은이 조다윗

도서출판 비전출판사
주소 서울특별시 서대문구 가재울로2안길 33 (남가좌동)
전화 02-6414-7864
이메일 visionpd2@hanamail.net
홈페이지 www.wmuv.net
등록번호 제 312-2013-000011호

ISBN 979-11-87120-13-1(03230)

ⓒ 조다윗 2024

The World and Times *by Missionary David Cho*
Copyright ⓒ 2024, by David Cho

이 책의 저작권은 저자와 도서출판 비전출판사가 소유합니다.
신저작권법에 의하여 한구 내에서 보호를 받는 저작물이므로 무단전재와 복제를 금합니다.

The World and Times *by Missionary David Cho*
Copyright 2024. Missionary David Cho and Vision Mission
all rights reserved.

조다윗 선교사의
세계와 시대읽기

조다윗

목차 Contents

머리말	10
1. 극단의 시대	19
· 트럼프와 샌더스, 극단의 상징 등장	20
– 미국의 정체성 형성에 이바지한 전통적 가치 혼돈	
· 브렉시트 이후의 유럽, 극단의 유럽으로의 선회 가능성	24
· 극단의 서구를 부추기는 힘, 이슬람 극단주의의 발호와 서구 본토 공격, 외로운 늑대	29
– 극단의 세계의 피해자, 슬픔의 난민	
· 전망	35

2. 세계 디폴트 위기   39

- 문제의 원인 : 탐욕적 투기성 경제 활동의 거대화   40

- 중세와 근대 사이 | 아비뇽 유수   41
  현대와 미래 사이 | 경제 권력의 급부상

- 문명권 국가 권력의 연동, 동조화   49

- 통제 불능의 경제 권력과 희생의 강요   56

- 짙은 어둠을 뚫고 더 강력한 빛으로 임하는   64
  하나님의 나라, 복음의 세계 경영

3. 증강현실 AR 포켓몬 고, 인공지능 AI 알파고, 가상현실 VR의 범용성과 미래   67

- 포켓몬 고 열풍, 증강현실 AR의 범용 가능성을 열다   68
- 구글, 인공지능 AI 위해 바둑 스포츠 활용하다   69
- 가상현실 VR과 쾌락의 환상   70
- IT와 디스토피아 미래   74

4. 알파고와 지식나무의 도전, 지성주의의 역사   77

- 지성주의 역사   78

- 영화 〈셜록 홈즈〉, 근대 지성주의의 아이콘   81

- 프리메이슨   83
  - 근대 합리적 지성주의와 중세·고대 지성주의를 이어가는 과도기적 집단

- 근대, 현대 지성의 실패   93
  - 근대 합리성, 효율성의 지성이 현대 실용 지성, 실용 대세 시스템으로 이행

- 지식정보화 사회의 진화, DT ^{Data Technology}와   101
  ST ^{Spiritual Technology}
  - 데이터 적층, 스피릿처 테크놀로지

- 구글의 알파고, 인공지능 ^{AI}을 통한 신적 지성과 생명의 연장   108
  - 영원한 생명을 향한 야심

- 구글 번역기, 바벨탑 사건의 종식을 도전함   113

- 공간의 IT 지식화, 전 지구적 공간의 지식 데이터화   117

- 유비크, 무소부재의 신 여호와에 대한 구글의 도전   118
  - 세계 공간의 지성 지배, 데이터화

- **결론: 인류, 지식나무 근처에서 방황하다**   120

5. 대학 지식의 대중화와 실용화 그리고 진리　　　127

- 소르본느 지성인들의 투쟁　　　128
- 지성, 실용지식화의 위협과 도전　　　129
- 대학 지성의 대중화　　　130
- 대학 지성의 경제시장화, 등급으로써 경쟁 지성인의 실패　　　132
- 세계 지성의 삼중실패　　　133

6. IS 등장과 현대 이슬람 극단주의의 흐름　　　137

· 개요　　　138

· 사상가, 사이드 쿠틉 – 근·현대 이슬람 극단주의 사상가　　　140

· 운동가, 오사마 빈 라덴 – 이슬람 극단주의 운동가,　　　142
　로컬 지하드에서 글로벌 지하드로의 실천적 전환

· 체제 이식으로의 IS　　　146
　– 이슬람 칼리프 제국의 복원, 극단주의 체제 이식 시도

· 헤지라, 난민과 이주자, 할랄, 모스크　　　149
　– 극단주의 트로이 목마

· 전망　　　153

7. 중동 소요 사태를 통해 본 아랍 이슬람의 조명   159

· 리비아 – 이슬람 부족주의와 내전   160

· 아랍 민주화 혁명의 역설,   169
  서구의 개입과 중동 독재 체제 극단화의 상승 작용

· 예멘, 이집트, 리비아 독재와 이슬람 극단주의 세력   174

· 통치 체계의 붕괴와 기독교   182

8. 터키 쿠데타
아타튀르크와 돌궐의 전사들, 에르도안 그리고 이슬람   187

- 터키, 돌궐족 역사의 적층내 전사(戰士)의 위상   188

- 국부(國父), 아타튀르크와 세속주의   189

- 이슬람 회귀주의자, 에르도안과 군부 쿠데타   191

- 터키 역사 적층 증위에서   193
  —거대 힘들끼리의 충돌

부록, 선교팀 사역 빌딩의 초기접근방법론   195

- 부록을 붙이며   196

- 선교팀 사역의 성경적 근거
  1. 예수님의 선교 팀 사역 기조   198
  2. 바울의 선교 팀 사역 기조   201

- 팀 사역적 접근의 역사적 사례
  1. 근현대 선교 사역의 유효성, 윌리엄 캐리와 모라비안 교도   205
  2. 맥가브란의 집단 개종에 대한 논의   209

- 팀 빌딩의 실제   211

- 권위구조 구축
  1. 팀 리더십과 권위   214
  2. 팀 안정화의 키 메이커 – 서브리더십   221
  3. 서브리더의 건강한 자질 – 권위와 의사소통의 건강한   227
     방향성과 흐름을 만드는 자, 화해자, 중재자, 조력자
  4. 팀 사역의 성경적 모델링 – 성부, 성자, 성령의 협력   228

- **의사결정 구조와 방법론**
  1. 의사결정에 있어서의 소통 주체 – 팀　　　　　　230
  2. 의사소통의 최종 결정의 권한 – 팀 리더　　　　　233
  3. 권위와 의사소통의 상호 보완적 관계 설정　　　　237
     – 협력하여 선을 이루라

- **관계적 복음의 팀 정립**
  1. 구성원 간 관계적 복음의 내면화　　　　　　　　240
  2. 관계적 복음에 대한 오해　　　　　　　　　　　　242
  3. 팀 갈등 조정과 치리 능력　　　　　　　　　　　　248

머리말 Preface

    사람들은 개체적 함몰 속에서 살아가면서도 세계와 시대의 흐름에 대해 궁금해합니다. 특히 소양있는 그리스도인이라면 더 그렇습니다. 왜냐하면, 그리스도인 안에 살아계신 하나님은 시대와 세계 안에서 죄와 어둠 속에 구조적으로 매여있는 인생들을 구원하기 원하시기 때문입니다. 참으로 주님은 군중들이 매여 사는 세계와 시대를 밝히 비추고 그 속에 영혼들을 진리로 자유롭게 하고 풀어놓길 원하십니다.

    근 몇 년간에 시의적 사건들을 연속으로 바라보면서 시대성과 세계에 대한 편린 같은 성경적 해석 신호를 담아보고자 했습니다. 시대성에 무관심한 그리스도인들을 깨우고자 최근 몇 년 사이에 일어난 시의적이며 연속적 사건들을 소재로 흥미롭게 시대와 세계에 대해 이해를 고취하고자 했고, 진리가 관점을 다스리도록 돕되, 독자들이 스스로 열린 생각을 하길 원했습니다.

혼돈의 시대 속에서 세계 가운데 진리를 펼치고자 나가 있는 선교사들, 당신들이 시대를 암울함 가운데 비추고 있는 등불입니다. 당신들의 희생과 섬김을 알아주는 이 없어도 시대와 세계는 권력자들이나 엘리트, 지식인들을 통해서가 아니라 십자가의 복음과 그 희생을 몸소 실천하는 당신들을 통해 변화될 것입니다.

2016. 12. 16
조다윗 선교사

일러두기

- 강연과 강의를 바탕으로 쓴 책입니다. 본문에서 구어체가 독자에게 더 원활한 의미 전달을 하는데 도움이 된다고 여겨지는 경우 그대로 살려서 썼습니다.

- 독자들의 이해를 돕기 위해 아래를 참고하여 일부 용어에 대한 개념을 정리하였고, 아직 개념 정립이 명확하지 않은 신생 개념의 경우에는 저자가 사용하는 의미로 일러두었습니다.

  · 정치학대사전편찬위원회, 『21세기 정치학대사전』, 한국사전연구사
  · 한국문학평론가협회, 『문학비평용어사전』, 국학자료원, 2006.01.30
  · 기획재정부, 『시사경제용어사전』, 대한민국정부, 2010.11.
  · pmg 지식엔진연구소, 『시사상식사전』, 박문각.
  · 인명사전편찬위원회, 『인명사전』, 민중서관, 2002.01.10.
  · 『종교학대사전』, 한국사전연구사, 1998.08.20.
  · 철학사전편찬위원회, 『철학사전』, 중원문화, 2012.09.
  · 김환표, 『트렌드 지식 사전』, 인물과사상사, 2015.12.18.
  · 『IT용어사전』, 한국정보통신기술협회
  · 매일경제용어사전, 매경닷컴, http://dic.mk.co.kr/cp/pop/index.php
  · 한경경제용어사전, 한경닷컴, http://dic.hankyung.com/
  · 위키백과, https://ko.wikipedia.org/

- 인용된 성경구절은 개역한글판을 사용하였습니다.

일러두기

극단의 시대

1

트럼프와 샌더스[1], 극단의 상징 등장
—미국의 정체성 형성에 이바지한 전통적 가치 혼돈

　미국은 개척정신에 근거해 사유 재산과 그것을 추구할 자유와 능력을 중시하는 나라입니다. 이것은 미국이라는 국가를 형성한 정체성의 근간입니다. 미국은 다양한 인종, 민족과 대륙을 넘어선 이민자들이 각각의 정체성과 다양한 출신 배경으로 인해 갈등하는 방향으로가 아니라 개척정신에 따라 새로운 사유영역을 추구할 자유·능력에 대한 동경을 가지고 하나의 미국 시민들로 어우러진 유니온, 즉 미합중국을 이루었습니다.

　그러나 지난 15년간 9.11 사태와 미국발 글로벌 경제 위기를 경험한 미국 시민 중 비주류 백인과 미래세대인 젊은이들은 이른바 트럼프와 샌더스 현상을 통해 전통적 미국 국가 정체성에 관한 회의를 나타내었습니다.

1　　**버나드 버니 샌더스.** 미국의 정치인으로 자칭 "민주사회주의자"라고 부르며 미국 상원에서 유일한 사회주의자다. 민주당의 보수색에 대한 반발 및 자신의 사회주의 신념으로 인해 어느 정당에 속하지 않고 무소속으로 활동 중이었는데, 2015년, 진보진영의 권유와 무소속 출마의 현실적 어려움 등을 이유로 민주당의 2016년 대선 경선에 뛰어들었고 민주당 대선 후보 경쟁자인 힐러리 클린턴과 경합하는 등 유력 주자로 부상했지만 최종 지명을 받는 데에는 실패하였다.

소위 1%의 상류층이 세계 부의 50%를 점유한 변칙 플레이, 이른바 탐욕적 경제활동[2]을 통해 중산층의 일한 돈들이 흡수되어 중산층 다수가 몰락하는 경험은 젊은이들에게 자유로운 사유재산 추구의 기회라는 미국식 자본주의 기본명제에 대해 극단적 회의를 갖게 합니다.

이를 바탕으로 50년대에는 매카시즘[3]이 횡횡했고, 유럽적

2 **탐욕적 경제활동.** 주가 증시, 자원투기, 부동산 투기, 헤지펀드 등과 같은 투기성 자본을 통한 경제활동을 의미한다. FTA를 통한 국가 간의 모든 제한의 철폐와 인터넷과 같은 가상공간을 통해 경제적 권한을 얻으면서 세계를 무대로 하여 마음대로 실물경제 능력을 흡수하고, 그곳이 황폐해지면 다른 곳으로 이동한다. 지역 국가권력으로는 제어하기 어렵다는 특징이 있으며, 그리스발 경제위기와 미국발 경제위기의 원인이 되었다.

3 **매카시즘.** 1950년대 미국에서 일어난 반공사상(反共思想)으로, 현재에는 반공주의 성향이 강한 집단에서 정치적 반대자나 집단을 공산주의자로 매도하려는 태도를 지칭하는 말로 쓰인다.

사회주의 모델이 결단코 정착할 수 없었던 미국에서, 생시몽[4]을 연상시키는 대안 사회주의를 자처하며 사유재산의 공동화·국유화를 통한 사회개조를 주창하는 샌더스의 열풍은 퍽 의외로운 것입니다. 그가 주창하는 이러한 깃발은 그야말로 미국 국가가 전통적으로 가졌던 가치와 극단적으로 대립하는 주장이 아닐 수 없습니다.

또한, 재벌인 트럼프가 '남아있는 경제적 파이를 히스패닉, 무슬림 등에 나눌 수 없다'는, 그야말로 민족적·인종적 갈등을 불러일으킬 만한 극단적 배제와 극단의 발언을 통해, 정당정치에 뿌리를 두지도 않고 포퓰리즘[5]에 근거하여, 소시민적 중산층을 동경하던 백인층에 효과적으로 소구해 대선 가도까지 달리고 있다는 것은 아이러니한 현상입니다. 그리고 이는 다민족이 어우러져 형성된 미국, 아메리카합중국 The United States of

---

4   **생시몽.** 프랑스의 사상가·경제학자이다. 인류 역사와 발전적 전개를 주장, 봉건 영주와 사업자의 계급 투쟁으로 점철된 프랑스의 역사를 개선하여 그 양자가 협력, 지배하는 계획 생산의 새 사회 제도로 건설해야 된다고 주장하여 공상적 사회주의자로 불리게 되었고 마르크스와 엥겔스의 사회주의 이념에 영향을 주었다.

5   **포퓰리즘.** 정치, 경제, 사회, 문화면에서 본래의 목적보다 대중의 인기를 얻는 것을 목적으로 하는 정치행태이다.

America 정체성의 스펙트럼 어디에서도 찾아볼 수 없었던 또 하나의 극단적인 현상이 아닐 수 없습니다.

따라서 미국은 지난 15년간 입었던 역사적 상처인 9.11과 IS 이방 계통의 인종과 민족을 통한 공격, 미국발 디폴트 경제위기의 트라우마를 연속적으로 경험함에 따라 두려움을 가지고 미국 대통령 선거에 임하고 있다고도 할 수 있습니다. 9.11과 경제위기의 트라우마 속에 택했던 대통령들과 조지 부시로 상징되는 일방주의적인 미국의 능력도, 또 오바마를 통한 미합중국의 면모다운 다극적인 포용의 길에도 이제 만족하지 못하는 미국 국민은 아예 제3의 길에 서 있던 아웃사이더 인물들에게 대권을 주려고 시험하고 있습니다.

참으로, 미국 정체성의 근간을 이루었던 전통적 가치마저 흔들리고 있는 미국이 어떤 정신성과 가치에 기대야 할지 몰라 극에서 극으로 치닫는 선택의 기미를 보이는 이 때, 역사가 어디로 흘러갈지 세계는 불안한 시선으로 숨죽여 지켜보고 있습니다.

브렉시트[6] 이후의 유럽, 극단의 유럽으로의 선회 가능성

한편 유럽에서는 유럽 공동체 추진과 유럽발 경제 위기로 비롯된 유럽의 위기의식과 문제 돌파를 위해 나서왔던 서유럽 3국인 독일, 프랑스, 영국 중 영국이 유럽 공동체를 탈퇴한 사건 즉, 브렉시트가 일어났습니다. 이는 앞으로 유럽의 민의가 경제 위기의 해법을 찾지 못한 채 배제와 차별의 극단적인 방향으로 흐를 수 있음을 감지하게 합니다.

브렉시트에 대한 표면적 이해는 시리아 사태 등으로 촉발된

---

6 **브렉시트.** 영국(Britain)과 탈퇴(Exit)의 합성어로 영국의 유럽연합(EU) 탈퇴를 뜻하는 말이다. 그리스의 유로존 탈퇴를 일컫는 그렉시트(Grexit)에서 따온 말이다. 데이비드 캐머런 영국 총리는 2015년 5월 총선에서 승리하면 EU 탈퇴 여부를 묻는 국민투표를 2017년까지 실시하겠다고 약속했고, 2015년 선거 후 승리 연설에서도 이를 다시 확인한 바 있다.

중동 난민들과 함께 섞여들어 올 이슬람 극단주의자들[7]에 대한 두려움 때문에, 영국이 다시 국경을 분명히 하고 유럽과의 연동성을 포기한 것이라고 단순히 설명하기도 합니다. 물론 부분적으로 맞는 말이지만, 영국의 내밀한 사정을 이해한 핵심적이고 본질적인 견해는 아닐 수 있습니다.

유럽에서 영국은 섬나라이기에 블록화되어있고, 섬나라 교유의 엄격함과 폐쇄성이 있었습니다. 중동 난민 유입을 더 개방적으로 바라보는 나라는 오히려 내륙에 있는 독일이었습니다. 메르켈 총리가 정치 생명을 걸고 중동 난민 유입에 대한 우호적 정책을 펼쳐왔기 때문에 영국보다는 독일이 중동 난민에 섞여 이슬람 극단주의자들이 들어올 가능성이 훨씬 컸습니다.

본질상 영국이 다시 국경을 높이고 유럽공동체에서 탈퇴해 유럽 연동성을 포기하는 이유는 일부 이슬람 극단주의자들의 유입에 대한 두려움도 작용했지만, 동부 유럽, 중남부 유럽 등에서 넘어오는 유럽 전역의 실업 난민들 때문이었습니다.

---

7   **이슬람 극단주의.** 이슬람 교리를 정치·사회질서의 기본으로 삼아 이슬람교의 원점으로 돌아갈 것을 주장하는 운동이다. 현재의 세속정권을 무너뜨리고 이슬람교 경전인 코란을 헌법으로 삼는 이슬람 공화국의 창설을 최대 목표로 한다. 철저한 율법준수, 반(反)외세, 특히 반(反)서양 문명·반미(反美)를 특징으로 하고 있다. 이러한 사상에 입각하여 'IS', 알제리의 '이슬람 무장운동'(MIA), 레바논의 '헤즈볼라', 팔레스타인의 '하마스' 등이 활동하고 있다.

유럽발 경제 위기[8] 이후, 유럽 공조화 및 권력 연동화로 이 위기를 돌파하고자 주도권을 가지고 이러한 해법을 제시한 국가들은 바로 독일, 프랑스, 영국인 서유럽 3국이었습니다. 다시말해 지난 10년 동안 서유럽이 제시한 해법은 유럽발 경제 위기 이후 실물경제가 함몰되어 구멍 난 유럽 본토에 실물 경제가 살아있는 서유럽 3국을 중심으로 국가 권력들을 동조화하여 유럽 경제 권력을 연동시키는 것이었습니다. 왜냐하면, 국가 이상의 유럽문명권 권력을 투여하면 탐욕적 경제구조가 발생시킨 유럽발 경제 위기의 함몰을 어느 정도 완화하고, 해결하리라 예상했기 때문입니다.

그러나 문명 권력의 연동으로도 현재까지 근본적인 문제가 해결되지 못하고, 전 유럽이 투여한 실물경제 동력을 잡아먹기만 할 뿐 유럽의 경제 불안은 개선될 여지가 별로 보이지 않습니다. 그 가운데 유럽 경제 연동, 공조화를 통해 유럽 국가끼리 국경의 장벽을 낮추었던 일들이 그나마 실물경제가 살아

8 　　**유럽발 경제 위기.** 그리스발 경제위기 혹은 유럽발 경제위기라고 한다. 2008년 미국발 금융위기가 그리스 경제에 영향을 미쳤고, 유로존에 가입된 그리스로 인해 전 유럽에까지 번진 금융위기이다. 트로이카(유럽 재무장관회의, 국제통화기금, 유럽중앙은행)의 구제금융의 지원을 받지만 아직 사태가 근본적으로 해결되지 못했고, 연쇄적 파장으로 최근 영국이 유럽연합을 탈퇴한 '브렉시트'가 발생하기도 했다.

있는 서부 유럽권으로 중남부, 동부 유럽권 실업 난민들이 유입되는 계기가 되었습니다.

유럽 내에 실업 및 경제구조의 붕괴로 인한 리스크가 주로 유럽발 경제위기의 진원지가 되었던 동부, 중남부 유럽권에서 크게 작용하고, 어려움을 견디다 못한 동부, 중남부 유럽권 실업 난민들이 그나마 실물경제 구조가 살아있는 서유럽권으로 대거 일자리를 찾아 경제적 이주를 하는 일이 늘어난 것입니다.

영국을 비롯한 서유럽권은 이러한 문제 앞에 한정 없이 동부, 중남부 유럽권의 실업 경제 난민을 받아들일 수 없어 국경 봉쇄의 필요성을 느꼈고, 유럽공동체 탈퇴까지 모색하게 되었습니다. 영국 자국민의 반대가 극심했던 것이지요. 왜냐하면, 서유럽 실물 경제를 유럽 전체를 위해 투여하여 도리어 영국 본국의 경제 사정도 어려워져 가는데, 영국인에게 돌아와야 할 자국 내 실물 경제의 파이까지도 영국 본토로 밀려 생면부지의 후진 동부, 중남부 유럽인들과 나누어 살아야 하는 피해 의식을 영국인들이 계속 감수해야 할 이유가 없었기 때문입니다.

따라서 서유럽 주도로 시작되었던 유럽 경제 연동을 통한 문제 해결 방법론이 예측하지 못한 파장만 일으킨 채, 도리어 유럽 시민들의 가치관을 인종적 배제와 편견을 더 옹호하는 극우 민족주의와 급진사회주의, 극단적 위험한 사상으로 몰아가고 있습니다. 영국의 유럽 공동체로부터의 이탈 현상, 즉 브렉시트는 유럽인들의 극단적 민의로, 자국 내 시민 및 인종적 동일 집단 외에 인종과 민족 성분이 다른 배타집단이 들어와 경제적 이익을 누리는 것을 배제하겠다는 것입니다. 왜냐하면, 유럽의 일등 국민이자 선진국 시민인 서유럽인조차 유럽발 세계 경제 위기를 해결할 주체가 될 수 없고, 이대로 경제를 연동시켜 가다가는 유럽발 경제 위기의 블랙홀에 빠져 들어가게 되어 유럽의 문제를 해결하는 것이 아니라 자국 내 경제력조차 지키기 어렵다는 불안함을 느꼈기 때문입니다.

결론적으로 유럽의 동조화와 권력 연동을 통한 유럽발 세계 경제 위기의 해결책은 해결은커녕 더 복잡한 문제를 낳았고, 영국부터 브렉시트를 통해 서유럽 주도의 해법에 대해 실패를 자인한 셈이 되었으며, 도리어 유럽을 극단의 세계로 치닫게 하는 실마리를 제공하고 말았다는 점에서 인류는 스스로의 권력으로 인류 문제를 해결하지 못한다는 또 하나의 씁쓸한 사례를 낳고 만 것입니다.

**극단의 서구를 부추기는 힘,
이슬람 극단주의의 발호와 서구 본토 공격, 외로운 늑대**
—극단의 세계의 피해자, 슬픔의 난민

시리아 내전에는 극단의 힘들이 충돌하고 있습니다. 정부군을 지원하는 러시아의 맹폭이 이어지며, 아사드[9] 독재 정권 추

9 **바샤르 알 아사드.** 시리아의 대통령으로, 전 대통령 하페즈 알 아사드의 아들이다.

출을 빌미로 반정부군을 용인하고 있는 미국까지, 시리아 내전은 러시아와 미국의 대리전 양상이 되어가고 있습니다. 세계의 딜레마가 되어버린 셈이죠.

서구는 오리엔탈리즘[10]과 같이 자가당착적인 대중동 관점으로 중동에 개입해 왕정독재, 군부독재를 중동권에서 축출해서 서구 민주체제를 이식시키려고 했습니다. 하지만 이식은커녕 IS와 같은 이슬람 독재가 발호할 수 있는 혼란한 상황만을 조성했을 뿐입니다. 시리아 사태의 경우 현 아사드 독재 정권의 전횡을 방치하거나, 아사드 정권을 축출한다면 IS가 반군을 흡수해 이슬람 극단주의 정권을 출현시킬 것이라는 점은 국제 사회의 딜레마입니다. 세계 초일류의 두 강대국, 미국과 러시아가 시리아 내에서 대리전 양상을 펼치며 시리아 혼란 상

---

10 **오리엔탈리즘.** 문학이론가 에드워드 사이드(Edward W. Said)의 명저 『오리엔탈리즘(Orientalism)』(1978)으로 인해 유명해진 용어로, 하나의 이론과 지식체계로 굳어진 '동양에 대한 서구의 왜곡과 편견'을 의미한다. 원래 단순히 동양학을 의미했으나, 사이드가 이 용어를 동양에 대한 서구의 전형(Stereotype)화의 의미로 사용함에 따라 다분히 정치적이고 이데올로기적인 용어가 되었다. 사이드에 의하면, 서구 제국주의는 자신들의 필요에 의해 동양을 신비화한 다음, 동양을 탐험하고 지배하며 착취해왔다. 문제는 동양에 대한 서구인들의 그러한 신비화가 단순한 낭만적 환상에 그치지 않고, 수세기에 걸친 정치적, 경제적, 군사적 연관 속에 절대적 진리로 자리잡게 되었다는 것이다.

황에 관여하고 있지만, 중동 문제의 대안과 해결책을 가져오는 것이 아니라 더 복잡하게 만들고 도리어 중동사회에 큰 역사적 후유증을 남길 공산이 커 보입니다.

한편, 이러한 시리아의 내전 가운데 유럽으로 건너가기 위한 보트 피플[11]의 난민행렬은 참혹하기만 합니다. 터키에서 출발한 시리아 난민들은 해협을 건너기에는 너무 위험한 작은 보트를 타고 목숨을 건 엑소더스[12] 즉, 탈출을 감행합니다. 탄 지 5분 만에 보트 중 대부분이 바다의 파도를 이기지 못하고 뒤집히고, 탑승자 중 80%가 익사합니다. 전 세계에 연민과 공분을 가져왔던 해안가에 떠밀려온 '아일란 쿠르디[13]'의 주검 사진은, 실제로 아이가 보트를 탄 지 5분여 만에 배가 뒤집혀 익사한 상태가 되었다는 점에서 참혹한 장면이었습니다.

그런데도 유럽이나 세계 국가들이 이 난민들을 인권과 자유 차원에서 수용할 수 없는 이유는, IS가 유럽 본토 공격을

11   **보트 피플.** 선박을 이용하여 해로(海路)로 탈출하는 난민. 1974년 베트남전을 전후로 발생한 난민들이 조국을 떠난 것이 시초이다.

12   **엑소더스.** 엑소더스는 탈출이라는 의미를 지닌 단어로 일반적으로는 많은 사람들이 동시에 특정 장소를 떠나는 상황을 의미한다.

13   **아일란 쿠르디.** 시리아 내전을 피해 유럽으로 탈출하려다 터키 해변에서 숨진 채 발견된 세 살배기 시리아 난민 아일란 쿠르디의 사진이 공개되면서, 난민 문제에 대한 경종을 울린 사건.

공언하고 있는바, 이슬람 테러리스트들이 선량한 난민에 섞여 유럽으로 건너와 테러를 자행할 전략이 불 보듯 뻔하기 때문입니다. 또한, 유럽 내에 기존 이슬람 사람들을 비롯한 이주민 게토[14] 정책도, 미국의 이슬람 이민자 동화 정책도 이미 실패로 판명 되다시피하여 평범한 무슬림이 서구사회에서 적응하지 못하고 소외되고, 경제적 실업 등을 겪다가 인터넷, 모바일 플랫폼 등을 이용한 극단주의자들의 선동전술에 넘어가 이슬람 극단주의에 경도되어 외로운 늑대로 일어나 서구 본토에서의 테러를 감행하는 일도 잦은 빈도로 나타나고 있는 실정입니다. 따라서 이슬람 중동 난민을 계속 받아들여 서구사회의 실패한 이주정책에 그대로 노출된 채로 두는 것은, 유럽, 미주 사회에 또 다른 테러리스트를 양산할 수 있다는 포비아와 딜레마를 내포하고 있습니다.

중동의 이러한 극단적 상황에 처한 난민 문제는 유엔의 말뿐

---

14 **게토.** 중세 이후 유대인들을 강제 격리시킨 유대인 거주지역에서 비롯된 말로, 주로 특정 인종이나 종족, 종교집단에 대해 외부와 격리시켜 살도록 한 거주지역을 지칭한다.

인 개입 아닌 개입으로도 해결될 기미가 보이지 않습니다. 시리아 사람들은 유엔을 믿지 않는다고 공공연히 말합니다. 한국인 출신의 유엔 사무총장조차 시리아 난민들의 참혹상에 대해서 독트린 적인 형식적 선언만 할 뿐 적극적 중재나 개입 기능 자체를 상실하고 문제 해결을 위한 실제적 개입조차 하려 하지 않습니다. 유엔 사무총장에까지 선출되어 제3, 4세계의 전문가가 된 한국인이 국제 사회의 가장 큰 문제인 시리아 내전과 난민 문제를 해결하기 위해 남은 임기를 적극적으로 헌신하겠다는 선언은커녕, 선진국 10위권인 한국에 돌아와 유엔 사무총장의 후광으로 대권과 정치에 도전해 이 선진국을 위해 기여하고 살겠다고 말합니다. 그러니 누가 난민 문제에 관심을 가지고 이 문제를 해결하려 하겠습니까?

일찍이 기독교의 하나님은 아브라함을 불러 본토를 떠나 이방의 나그네, 난민이 되게 하시고 그들을 통해 모든 민족을 향한 평화의 소식, 복음의 근원과 통로가 되게 하셨습니다. 난민 문제야말로 본향을 떠나 이슬람 전체주의 움마[15] 사회에서 일탈하여 안전 지역으로 이동한 이슬람 사람들에게 오히려 하나님의 복음과 개입을 보일 절호의 기회입니다. 고아와 같은 난민이 된 중동인들을 품는 것은 유럽 문명과 국제사회의 유엔도 할 수 없었습니다. 기독교인들을 통한 하나님의 사랑밖에는 답이 없습니다. 따라서 기독교인과 교회가 개입해야 합니다.

어쨌든 극단의 중동과 극단의 서구가 공명하여 극단의 세계를 추동하고 있습니다. 중동 극단주의가 서구 유럽에 충격을 주며, 이슬람과 중동에 대한 포비아와 혐오를 낳고 있으며, 또 미국을 비롯한 서구의 차별과 인종 배제의 극우클릭은 서구 내 이슬람 사람들의 울분과 서러움을 자극할 가능성이 큽니다. 그렇게 자극받은 그들은 서구사회에 적응하는 것이 아니라 또 쉽게 이슬람 극단주의의 포섭 대상이라는 먹잇감이 되어 이슬람 극단주의자들로 양산될 가능성도 있습니다.

15   **움마.** 아랍어로 '신앙 공동체'라는 뜻이다.

전망

결국, 미국에서는 힐러리가 아닌 트럼프가 대통령으로 당선되었습니다. 트럼프가 협상에 능한 기업인인바 포퓰리즘과 같이 극단의 정책들을 선거에 유리하게 하려고 공언했을 가능성이 큽니다. 그의 정책은 선거가 지난 이후 현실화될 때, 극단에서 약간의 균형을 첨가한 정책으로 표현될 가능성이 있지만, 이미 극단을 동조화한 민의가 그를 뽑아냈다는 사실이 우리에게 더 예민하게 다가와야 합니다. 보수적인 기독교인을 표방하는 트럼프의 당선으로 동성애 합법화의 문제와 정치적 올바름^{Political Correctness}[16]의 강요 등에 편향된 문제는 좀더 균형을 가질 가능성도 있겠지만, 미국인들이 경제적으로 성난 민심을 가지고 극단의 선택을 관철했다는 점은 앞으로 세계의 큰 방향에 대해 예의주시하게 합니다.

16 　**정치적 올바름(Political Correctness).** 말의 표현이나 용어의 사용에서, 인종·민족·종교·성차별 등의 편견이 포함되지 않도록 하자는 주장을 나타낼 때 쓰는 말이다. 특히 다민족국가인 미국 등에서, 정치적(Political)인 관점에서 차별·편견을 없애는 것이 올바르다(Correct)고 하는 의미에서 사용되게 된 용어이다.

유럽도 브렉시트를 관철해 결국 배제와 인종적 장벽의 가치에 손을 들었고, 중동의 이슬람 극단주의자들의 사상적 배경은 알라에 대한 순교까지 거리끼지 않는 종교적 신념인바, 지하디스트들은 계속 극단적인 세계를 관철하려 할 것입니다.

우리는 흑암을 다스리는 주께서 흑암 중에도 세계의 역사와 방향을 붙잡고 계셔서 세계가 극단으로 치닫지 않고 진정한 평화의 소식, 복음의 대로가 열리길 기도할 일입니다.

극단의 사상과 체제에 지친 자들은 결국 인간 세계의 극단적인 면을 보고 환멸을 느낍니다. 인간의 세계가 극단으로 치달을수록 인간 스스로는 개선과 구원의 가능성이 전혀 없다는 것을 깨닫게 되지요. 그리고 극단화되는 인간 세계에 대해 좌절하고 절망하여 도리어 인간의 세계가 아닌 신의 세계로 진입하는 문인 복음을 붙잡고 신의 세계에 노크를 받아들일 가능성이 역설적으로 농후해진다고 해야 할까요?

세계 디폴트 위기

2

*세계 디폴트 위기는 미국발 경제 위기와 유럽발 경제 위기가 일어나 세계 경제에 큰 파장을 일으키던 2008년도에 쓰여졌습니다.

문제의 원인: 탐욕적 투기성 경제 활동의 거대화

제 1세계인 미주와 제 2세계인 유로존[1] 내의 국가들의 연쇄적이고 동시적인 부도 위기는 지구촌 인류 공동체에 절망감을 안겨다 주고 있습니다. 이미 오바마를 비롯한 미주와 서유럽 강대국의 지도자들은 리더십에 큰 타격을 받았습니다. 이들은 지금 무능하다는 국민들의 눈총이 두려워 유로존 여러 국가로 확산되고 있는 위기에 대한 대응 능력을 과대포장하거나 위기 현실을 축소, 은폐하기 급급합니다. 근본적으로 해결된 것은 아무것도 없는데 말입니다. 세계 선진국 리더십들의 낙관적 전망과 달리 세계화로 연동된 세계 경제 시스템 특성상 이 영향

---

1   **유로존.** 유럽연합(EU)의 단일화폐인 유로(EURO)를 사용하는 국가를 지칭하는 말로, '유로랜드(Euroland)'라고도 한다. 1995년 스페인 마드리드 EU 정상회담에서 1999년 1월 유럽통화동맹(EMU)을 출범시키고 단일통화 명칭을 '유로'로 하는 데 합의하면서 1999년 11개 국가를 시작으로 유로존이 형성됐다. 28개 EU 회원국 중 영국, 스웨덴, 덴마크, 폴란드처럼 유로 대신 자국 고유의 화폐를 쓰는 국가들은 유로존에서 제외됐다.

은 세계로 확산될 가능성이 다분하고, 강대국인 미국과 유럽 국가들조차 대응 능력을 상실한 글로벌 위기 앞에 나머지 제3세계, 제 4세계 국가들은 속수무책으로 당해야만 할지 모른다는 위기감이 전 지구촌에 팽배합니다. 사실상 문제의 원인은 세계화에 따른 투기성 자본들의 탐욕적 경제 활동에 있었습니다. 경제 활동이라는 말이 무색할 정도로, 근대 이후 절대적이었던 국가 권력의 대응 능력을 상실시켰다는 점에서 이 위기는 일종에 파워 게임 현상입니다. 활동이 아니라 권력인 셈인 거죠. 정치 권력의 사회 컨트롤 능력이 경제 권력에 의해 무기력해지고 있기 때문입니다.

유로존은 세계화로 연동되어 단일화된 경제 환경 가운데 기생한 채 실물 경제를 견인하지 않는 투기성 자본들의 탐욕적 경제 활동에 속수무책으로 당했습니다. 3년 전 시작된 그리스발 유럽 경제 위기[2]를 오늘날까지 유럽의 정치 권력들이 모여 해결 능력을 보이지 못하고 우왕좌왕하는 것은 거대화된 투기 자본들이 경제 붕괴에 대한 책임을 지기는커녕 연동된 세계 시장을 오가며 여전히 자신들의 몸집만 불리려 하고 있기 때문입니다. 이제 세계의 부를 제 1, 2세계의 국가 단위가 독점하고 조절한다는 말은 옛말이 되었습니다. 세계 1%의 소수 인구, 특정 경제 단위가 세계 부의 절반 가까이를 독점적으로 장악하고 있습니다. 대부분 주가 증시, 자원 투기, 부동산 투기로 얻은 돈들은, 다시 투기를 일삼아 선량한 사람들이 성실히 일해서 얻은 돈을 약육강식처럼 먹어치우는 공룡이 되어버렸습니다.

2 **그리스발 유럽 경제 위기.** 2008년 미국발 금융위기가 그리스 경제에 영향을 미쳤고, 유로존에 가입된 그리스로 인해 전 유럽에까지 번진 금융위기이다. 트로이카(유럽 재무장관회의, 국제통화기금, 유럽중앙은행)의 구제금융의 지원을 받지만 아직 사태가 진전되지 않았고, 최근 영국이 유럽연합을 탈퇴한 '브렉시트'가 발생하기도 했다.

미국발 경제 위기[3]의 원인 역시 투기성 자본들의 탐욕적 경제 활동의 과열 때문이었습니다. 실물 경제에 기반을 두지 않은 탐욕적 투기의 부동산 과열은 미국 경제의 붕괴를 낳았습니다. 미국 국가 권력은 세계 가운데 실물 경제 능력에 대한 계측 없이도 달러를 마음대로 발행할 수 있는 독점적인 경제 지위를 가졌음에도 2년이 지난 현재까지도 이 문제에 대한 수습 능력을 상실한 것처럼 보입니다.

이와 같이 세계화를 통해 세계 시장이 연동되고 자본에 대한 장벽을 거의 없애다시피 한 현재 국가 권력들은 도리어 거대화된 탐욕적 경제 권력에 뒤통수를 맞고 공격을 당하고 있는 것입니다. 냉전 종식 때만 해도 세계 황제의 권한이나 마찬

---

[3] **미국발 경제 위기.** 2008년 9월 15일 미국 투자은행 리먼브라더스 파산에서 시작되어 전 세계로 파급된 대규모의 금융 위기 사태이다. 부동산 투기와 그에 따른 증권 파생 상품[서브프라임모기지(비우량주택담보대출)]과 같은 탐욕적 경제활동으로 인해 미국은 국가부도사태의 위기까지 몰렸고, 이는 1929년의 경제 대공황에 버금가는 세계적 수준의 경제적 혼란을 초래했다.

가지였던 미국 대통령의 말이 일개 경제 신용 평가사의 말보다 세계에 신뢰와 영향을 주지 못하고 파워가 없다는 것은 정치 권력과 경제 권력의 위상이 역전됨을 단적으로 보여주는 새로운 시대성에 대한 표징이라 할 만한 것입니다.

중세와 근대 사이 | 아비뇽 유수[4]
현대와 미래 사이 | 경제 권력의 급부상

역사적 시대성은 주도 권력의 변화에 따라 나타났습니다. 고대는 종교 권력의 시대였습니다. 중세 이후에는 종교 권력에 대한 인류 공동체의 누적된 불신을 틈타 정치 권력이 사회 헤게모니를 장악했습니다. 중세 이후 아비뇽 유수를 통한 종교 권력의 정치 권력을 향한 굴복은 시대가 바뀌는 신호탄이었습니다. 정치 권력이 종교 권력보다 우위에 서는 근대가 태동된

---

[4] **아비뇽 유수.** 프랑스 왕이 교황청을 남프랑스의 아비뇽으로 옮겨 교황을 프랑스 왕의 지배 아래 두었던 1309년부터 1377년까지를 말한다. 이 시기에 교황권은 크게 약화되었으며, 아비뇽의 교황들은 프랑스 왕의 영향 아래에서 프랑스에 의존하는 형편이었다. 이후 로마와 아비뇽에 2명의 교황이 분립하게 되는 교회의 대분열로 이어지면서 교황권은 더욱 쇠퇴하였다.

것이죠. 그리고 경제 권력은 이들 권력 관계에 시녀 역할로서 편승했습니다. 경제 권력이 노골화되는 것은 불가능해 보였습니다. 사회적 명분이 약했기 때문이죠. 경제 권력은 물질적 축적 의지에 관계된 것인데 종교권력과 정치 권력처럼 사회적 대의에 기여하는 공적 명분을 찾기 어려웠습니다. 경제 권력은 공공적 명분을 가장한 종교권력과 정치 권력의 배를 불리면서 독자적으로가 아니라 기생하는 채로 살아남았습니다. 따라서 경제 권력은 기생적이었지만 또한, 제한적 권력의 속성을 지녀왔습니다. 항상 종교, 정치 권력에 컨트롤을 받아왔던 것이죠.

고대 사회를 생각해보십시오. 채집과 수렵 경제로 부족 공동체가 노루를 사냥했다고 가정해봅시다. 어떤 자들은 몰이를 하고 어떤 자들은 사냥을 합니다. 따라서 부족원의 수대로 노루를 조각내어 나눕니다. 그들의 노력 여하에 따른 보상은 현격한 차등을 지니기 어렵습니다. 인간 능력이라는 것이 별반

많은 차이를 보이지 않기 때문이죠. 그런데 어떤 부족 구성원이 축적에 대한 탐심으로 노루 열두 조각 중 열 조각을 갖고자 했다고 합시다. 부족 사회는 곧 갈등에 빠지고 이러한 요구가 지속된다면 사회적 저항은 걷잡을 수 없이 커졌을 것입니다. 이처럼 경제 권력은 축적으로써 타인보다 차등적 우위에 서고자 하는 이기적 욕구라는 점 때문에 사회적 저항을 받아 독자적으로 성공을 거두기 어려웠습니다. 따라서 전통적으로 경제 권력 의지는 노골화되기보다 종교 권력과 정치 권력이 사회적 명분을 주창하는 사이에서 기생해 활동해왔습니다.

역사적으로 근대 사회에 경제 권력에 주도적 부상의 단초는 프랑스 대혁명[5]으로 인한 상공 계층의 정치 세력화로부터 비롯되었습니다. 경제적 부를 기반으로 왕과 귀족으로 이루어진 정치 세력의 권좌를 떠받들던 상공계층은 정치적 자유를 위해 시민계층이라는 대다수 경제적 빈곤 계층까지 아우르는

---

5 **프랑스대혁명.** 프랑스에서 부르봉 왕조의 절대주의적인 구제도를 타파하고 근대 시민사회를 이룩한 전형적인 시민혁명(1789~1799)으로 청교도혁명, 미국 독립 전쟁과 함께 근대 민주주의의 3대 혁명 중 하나로 근대 시민사회 성립의 계기가 되었다.

개념 속에 자신들을 숨기고 왕정, 귀족정의 권좌를 끌어내리는 대중 선동을 시작했습니다. 당시 주도적 정치 계층에 환멸을 느끼던 대부분의 하층민들은 시민의 자유라는 장밋빛 구호 속에 환상을 품고 시민 혁명의 주도적 힘과 역동성을 부여해서 상공 계층의 정치적 입성을 도왔습니다. 그러나 경제 계층의 정치 권력 장악은 일반 서민들의 자유를 보장하는 방향으로 흘러간 것은 결코 아니었습니다. 상공 계층의 주도로 이루어진 산업화는 대부분의 일반 서민들의 삶을 자유롭게 하기보다는 희생시켜갔습니다. 10살 이하의 아이들조차 열악한 공장에서 하루 20시간 가까운 노동으로 희생되었고, 당시 일반 서민들은 고된 경제적 노동 착취를 견디지 못하고 대부분 평균 연령 30세에 생을 마감했습니다.

상공 계층은 보편적 시민의 자유를 명분으로 왕, 귀족 등 기존 정치 세력을 몰아내지만, 정치 권력 장악을 기반으로 경제 권력을 더욱 독점했습니다. 왕정과 귀족정이 타도된 마당에 급부상한 부르주아 계층[6]에 대한 견제 권력은 서유럽 내에서 한동안 존재하지 않는 듯했습니다. 이러한 세력을 견제하고자 일어난 흐름이 바로 사회주의 운동[7]이었습니다. 그러나 사회주의 세력의 시작이 자본의 권력화를 막아야 한다는 절박한 현실 인식에서 출발했는지 몰라도 결과적으로 한계 또한, 분명했습니다. 혁명 이데올로기로서 노동자들의 울분과 분노를 자양분으로 한 만큼 폭력적인 방향으로 세계를 몰고 갈 것은 자명한 이치였습니다. 결국 사회주의는 전 세계를 전쟁과 갈등으로 몰아간 후 권력 매개화라는 자기모순으로 붕괴하였습니다. 이러한 사회주의의 실패로 인한 자본주의 진영의 일방적 승리는 교만을 불러왔습니다. 자본주의에 대한 과도한 확신으로 추진된 세계화는 국가 간 시장의 장벽을 허물고 세계를 단일 시장화해 규모의 한계나 공간의 제한 없이 자본에 전폭적 자유를 부여했습니다. 따라서 현재는 거대 규모의 탐욕적 자본이 세계에 다소 해악이 되더라도 제어 장치와 안전장

---

6 **부르주아 계층.** 원래 중산층이란 뜻이었으나 마르크스주의 이후 현대에는 자본가 계급을 뜻한다.

7 **사회주의 운동.** 자본주의의 노동임금 착취와 그에 따른 경제적 불평등 등에 반발하여 생산수단의 공동소유와 관리, 계획적인 생산과 평등한 분배를 주장하는 이론 또는 사상을 말한다.

치 없이 무법천지처럼 전 세계 어느 곳이든 누빌 수 있게 되었습니다. 오늘날 경제 권력은 지역에 국한된 국가 권력에게 제어되지 않은 채 탈 지역적, 범세계적 권력으로 부상하여 인류 역사상 그 어느 시기보다도 힘이 극대점에 이르게 되었습니다.

따라서 이제 우리는 인류 주도 권력의 변화라는 시대와 역사의 전환점을 목도하고 있습니다. 고대와 중세 사이는 종교권력이 주도한 시대적 범주로 본다면 근대와 현대 사이는 정치 권력이, 현대와 미래 사이는 경제 권력이 인류 사회의 주도권을 갖게 되는 새로운 양상을 띠게 되는 것입니다.

문명권 국가 권력의 연동, 동조화

글로벌한 경제 문제가 등장하면서 세계 정치권의 대응 전략은 세계 권력 공조와 동조화로 흐르고 있습니다. 유럽이 하나가 된다는 것은 불과 5년 전만 해도 불가능하다는 평가가 지배적이었습니다. 역사적으로 서유럽과 동유럽의 갈등은 뿌리 깊은 것이었습니다. 유럽은 수백 년간 종교 전쟁을 반복했습니다. 현대 1, 2차 세계 대전의 상대 적대국은 대부분 유럽 국가 대 유럽 국가였습니다. 이러한 반목과 불신의 역사를 가진 유럽 국가들이 하나의 정치 공동체로 결속된다는 것은 대부분의 학자들에게 불가능한 일로 여겨졌습니다. 그러나 유럽 지성들의 예상과는 다르게 유럽은 하나의 정치공동체로 탄생했습니다. 민족 국가들의 외교와 무역, 정치와 경제 권한의 일부를 환원하고 유럽 미니 헌법이라 불리는 헌장에 각국 정상들이 각국 국민 투표의 결과에 따라 서명했고 유럽 대통령이라 불리는 의장을 선출했습니다.

유럽의 뿌리 깊은 역사적 반목을 뛰어넘어, 굳이 유럽 국가끼리 국경을 낮추고, 유럽 문명권으로 서로 동조화되도록 과연 어떤 추동 요인이 자존심 강한 유럽인들을 자극한 것일까요?

그것은 바로 유로존의 경제적 문제에 대한 공동 대응의 필요성 때문이었습니다. 외부적으로 유럽 세계는 미국과 중국 등과의 경쟁에서 살아남기 위해 더 큰 규모의 경제 통합이 필요했습니다. FTA[8]를 통해 세계가 단일 시장으로 동조화되어 가며 모든 제한과 장벽이 철폐되는 가운데 경쟁만이 세계 시장을 움직이는 유일한 룰이자 법칙이 되었습니다. 두 세계가 서로를 시장으로 인식하고 서로의 시장을 자유롭게 개방하는 협약은 서로가 상대방을 통해 인구와 자원과 자본을 갖춘 또 다른 시장을 얻게 된다는 의미입니다. 따라서 큰 시장의 규모와 작은 시장의 규모를 동등한 조건으로 개방하게 되면 아무래도 큰 시장의 규모를 가진 쪽에서 손해를 보는 셈이 됩니다. 따라서 경제적으로 유럽보다 규모가 큰 시장인 중국과 미국은 자유 경쟁을 위한 조건으로 유럽 각국과는 동등한 지위로 잘 협상하지 않는 것입니다. 굴욕적인 조건을 걸어 유럽의 경제적 협상 지위를 낮추거나 동등한 협상 대상으로서의 자격을 부여

---

[8] **FTA.** 자유무역협정(Free Trade Agreement)이며, 특정 국가 사이에서 이루어지는 무역에 있어서 배타적으로 특혜를 부여한 자유무역협정으로 가장 느슨한 형태로 지역의 경제를 통합한 형태다. 주로 FTA는 인접한 국가나 일정 지역을 중심으로 했기 때문에 지역무역협정(Regional Trade Agreement)으로 불리기도 했다.

하지 않으려 하는 것이죠. 중국은 심지어 유럽 각국을 무시하고 유럽 전체를 대표할 협상 대표자를 요구하기도 한 전례가 있을 정도입니다. 자연스럽게 유럽 각국은 세계와 경제적 교류를 하기 위해서 유럽 세계 경제 규모를 대변할 정치 집단에 대한 필요성을 요구받게 되었습니다.

또한, 경제의 규모에 있어 유럽 각국은 미국과 중국 등의 문명권을 병합한 제국들과 경쟁 상대가 되지 않습니다. 앞서 말한 대로 세계화 속에서 여러 나라들에게 합의된 단순한 룰은 단일 세계 시장을 만들어가되 경쟁에 따른 원리로 각국 시장을 개방한다는 것입니다. 따라서 개체와 기업, 민족국가는 모두 경쟁 능력을 갖추어야 합니다. 아무리 능력을 갱신해도 규모의 절대 열세는 공정 경쟁을 불가능하게 합니다. 유럽은 경쟁에서 밀려나 대부분의 부를 중국이나 미국에 빼앗길지 모른다는 불안감에 휩싸였고 따라서 경쟁에서 살아남기 위해서

유럽은 경제적 규모를 병합해 공동 대응할 기조를 갖게 되었습니다.

　내부적으로도 유럽은 탐욕적 경제 활동에 공동 대응의 필요성을 절감하고 있습니다. 탈지역화, 글로벌화 된 투기성 자본들은 국가 단위의 동조화를 통해서도 제어하거나 제한할 수 없을 만큼 거대화 되었습니다. 그리스 발 경제 위기가 일어날 당시 실물 경제 능력이 별로 없는 그리스에게 EU자체 구제 금융과 200여개 회원국이 속한 IMF 구제 금융을 동시 투여해서 심폐 소생하려 했습니다. 독일 총리 메르켈의 주도로 그리스 실물 경제 능력의 의구를 표현하면서 빌려준 채권의 채무 불이행이 오면 유럽 경제 전체에 위기가 확산될 수 있다는 구제 금융 투여의 신중론이 제기되었습니다. 이에 2~3개월 정도 유럽 연합 내 정상들이 토론의 시간을 거쳤는데 그리스발 경제 위기는 블랙홀처럼 스스로 증식해 커져갔습니다. 유럽 내 투기성 자본들이 돈을 빼고 철수했기 때문이었습니다. 애초 2,000억 달러 규모로 논의되던 구제 금융은 5,000억 달러까지 필요하게 되었고 결국 장기적으로 7,500억 달러 규모에서 투여되기로 결정되었습니다. 만약 시간을 두세 달이라도 지체해 붕괴 규모가 커져 1조억 달러가 넘어가면 인류 공동체의 능력으로 대응 자체가 불가능해지고, 세계 경제 붕괴와 공황이 온다는 절박함으로 인해 구제 금융 투여가 임시방편에 지나지 않음을 알면서도 시급한 투여 결정을 내리게 되었습니다. 유럽은 정치 권력의 공조 연동을 통한 의사결정 구조도 글로벌화된 인터넷을 통한 가상 세계 속에서 시공간의 제한 없이 투자처를 결정하는 신속한 탐욕적 경제 활동을 따라가기 어렵다는 교훈을 얻었습니다.

한편 미국은 부동산의 투기와 그에 따른 증권 파생 상품의 기만으로 초강대국에서 일순간에 부도 국가라는 위기에까지 몰렸습니다. 세계 경제를 연동시킨 파생 상품은 세계 각처에서 투자자를 모집했고 실물 경제가 아닌 거품은 일순간에 터져 연동된 세계 경제로 뻗어 나갔습니다. 이 파국에 대해 미국은 독자적 해결이 아니라 세계 권력들의 공동 대응을 주창했습니다. 이른바 G20[9]의 출현이었습니다. 사실상 경제 권력에 대한 미국 국가 권력의 독자적 대응과 제어 능력의 한계를 인정한 것입니다. 그러나 상시적인 투기성 자본의 활동에 비해 세계 정상들이 많아야 일 년에 한 번 가끔 모여 세계 의제에 대해 논의하는 G20 체제는 단속적인 임기응변의 대응으로밖에 보일 수 없었습니다.

뉴욕대, 옥스퍼드대 교수 등 세계적 경제 석학들은 문명권 국가 권력 동조화조차 대응 능력의 한계가 있음을 꾸준히 지적합니다. 글로벌화 된 거대 경제 권력은 시공간의 제한 없이 탐욕적 축적을 위해 가상 세계에서 컴퓨터 키 하나로 결정을

---

9   G20. 서방의 선진 7개 국가의 모임인 G7을 확대하여 개편한 세계 경제협의기구로, 국제 금융위기의 재발을 방지하고 세계경제가 안정적으로 성장할 방안을 모색하기 위해 1999년 12월 베를린에서 정식으로 발족되었다. 이후, 2008년 11월 미국발 글로벌 금융위기를 계기로 정상급 회의로 격상되었고, 2009년 9월 미국 피츠버그에서 개최된 제3차 회의에서 G20 정상회의를 정기적·계속적으로 열기로 합의하면서 세계경제문제를 다루는 최상위 포럼으로 격상됐다. 선진 7개국 정상회담(G7)과 유럽연합(EU) 의장국 그리고 신흥시장 12개국 등 세계 주요 20개국을 회원으로 하고 있다.

내립니다. 글로벌화 된 거대 경제 권력들의 불공정 행위를 막거나 제한하려면 정치 권력도 시공간의 제한 없이 거대화, 글로벌화해야 하는 필요를 역설합니다. 요컨대 석학들은 지역 권력이 아닌 세계 단일 권력 시스템으로 세계화 속 경제 권력이 잉태하는 부작용을 컨트롤하자는 제안을 하는 것입니다. 그러나 이것은 인류 사회를 향해 절대적 세계 권력의 부여라는 점에서 더 큰 비극을 초래할 수 있습니다. 절대 권력은 절대 부패할 수 있기 때문에, 감시와 견제가 불가능한 세계 권력은 다분히 위험한 아이디어입니다.

통제 불능의 경제 권력과 희생의 강요

대부분의 부를 탐욕적 경제 권력이 장악하는 양상은 세계를 점점 더 혼돈과 어둠 속으로 몰아가고 있습니다. 국가 부도는 국가 구성단위에 항상 최악의 대가를 치러야 하는 상황을 가리키는 것입니다. 한국의 6.25와 IMF 국가부도와 같은 위기 경험을 떠올려보십시오. 국가 존망의 위기라면 국민들을 비롯한 국가구성 단위들이 희생되는 것은 정해진 수순인 셈입니다. 이 과정에 예외란 좀처럼 존재하기 어렵습니다. 6.25 때 전란 중에 떠돌던 아이들, IMF 국가부도에 따른 기업과 가정들의 연쇄적 파산은 비극적인 경험임을 부인할 수 없습니다. 그러나 현 상황이 아이러니한 것은 전 세계적 연쇄 국가 부도 위기 상황임에도 일부 정점에 있는 경제 권력은 세계의 고통과 무관하게 독자적인 번영을 구가하고 있다는 것입니다. 미국 중앙 정부와 지방 정부들은 채무 불이행 요소들로 파산하거나 파산 직전의 위기까지 몰렸습니다. 그러나 미국의 애플사는 미국 중앙정부보다 많은 현금을 보유하고 있습니다. 고통스런 현실을 마취하고 잊게 하기에 효과적인 가상 세계를 혁신이라는 명분으로 팔아치워 세계의 고통 속에서 기생하며 국가의 파산 위기 속에서도 승승장구하고 있는 것입니다.

이러한 상황 속에서 국가 권력도 근본적인 제어 능력을 상실한 세계화의 부작용에 따른 파열음을 누가 책임지고 감당한단 말입니까? 앞서 말한 대로 탐욕적 경제 권력은 세계 디폴트 위기에 직접적인 원인을 제공했음에도 절제나 책임 의식이 없습니다. 다만 현 위기에 대응할 수 있는 기조는 인류 공동체의 힘없는 구성원들에게 희생을 강요하는 방법뿐입니다. 이빨 빠진 맹수에 지나지 않는 국가 권력은 국민들의 허리띠를 졸라 세금을 증대하여 무너진 경제적 파국을 수습할 최후의 방법들을 짜내고 있습니다. 워크아웃[10]을 통해 상시적인 퇴출구조를 만들고, 국민들이 경제 권한에 접근하기에는 지금의 현 상황이 나빠졌음을 호소하고 희생을 강요합니다. 세계의 부의 대부분이 경제 권력에 독식 되고, 남은 쥐꼬리만 한 부를 쪼개 인류 구성원에게 분배해야 하기 때문입니다. 따라서 현 인류 구성원들은 세계의 자원과 기술, 부를 개발하는데 무엇보다도 열중하고 있지만, 휴짓조각처럼 쓰고 버려지는 경제 시스

10	**워크아웃.** 금융기관을 통한 기업구조조정과 관련한 가장 폭넓고 핵심적인 용어로, 기업과 금융기관이 서로 협의해서 진행하는 기업개선작업으로 일련의 구조조정 과정과 결과를 총칭한다.

템이 활성화되어 인류 역사 중 어느 때보다도 경제적으로 희생당하게 되었습니다.

   고대 이후 지역적으로 활성화되었던 제국 시스템을 한번 상고해 보십시오. 제국은 인류에게 희생을 강요한 전형적인 시스템이었습니다. 성경에 제국을 향한 진술은 압축적이고 명료합니다. 성경에서는 어느 제국이나 할 것 없이 맹수의 형상으로 상징되어 압축적 묘사로 그려졌습니다. 고대인들에게 맹수는 어느 길에서 만나건 마주치면 찢겨 죽임을 당하는 공포의 대상이었습니다. 다만 제국은 아무리 팽창해도 대부분 문명권 내 지역적 제약과 제한 있는 시스템이라는 점에서 한계가 있었습니다. 따라서 주변 민족들은 제국의 번영과 패권을 위해 흡수 병합당하면서 희생을 강요당했습니다. 하지만 제국의 병합이 늘어날수록 주변 민족과의 마찰과 저항은 커졌기에 극단적 갈등과 전쟁은 불가피한 일이었습니다. 이 지점으로부터 제국의 통치 비용은 천정부지로 오를 수밖에 없었고, 이 통치 비용을 만회하기 위해 더 많은 주변 민족과 전쟁하고 그들의 경제력을 차압했습니다. 결국, 주변 민족의 경제력을 흡수하여 차압하는 것보다 통치 비용이 높아지면 제국은 항상 붕괴되는 아이러니를 겪어왔습니다. 주변 민족과의 갈등이 격화되어 전쟁과 갈등이 격렬해진 나머지, 지역 문명권 밖으로 제국이 확산되는 것은 오래가지 못했습니다.

그러나 오늘날 세계 국가들의 경제적 붕괴는 범세계적인 현상이면서도 실체가 잘 드러나지 않습니다. 많은 세계 구성원들의 희생을 담보로 하지만 제국처럼 명확히 드러나는 실체가 없어 저항과 갈등이 표출되지 못합니다. 그러니 과거 제국들과는 달리 저항에 따르는 통치 비용을 고민하지 않아도 되어 영속적입니다. 또한, 제국은 지역적 한계가 있지만, 탐욕적 경제 권력은 활동 무대가 글로벌화되었기 때문에 지역적 한계가 없습니다. 따라서 제국과 비슷하게 다른 존재의 희생을 강요하면서 유지되는 세계화 속 투기성 자본을 통한 탐욕적 경제 활동은 책임 의식이 전혀 없습니다. 인류 공동체가 창출한 실물 경제 능력을 먹어 치우고 그곳이 황폐화 되면 다른 곳으로 이동합니다. 모든 탐욕적 경제 활동의 의사 결정은 현실 속에서 제어, 견제받거나 저항받을 마찰 요소가 거의 없습니다. 왜냐하면, 앞서 말한 대로 누구든 인터넷을 통해 가상세계 속에서 경제적 권한^{Authority} 접근이 가능해졌고, 투기성 자본들에 대해 지역적 국가 권력이 컨트롤 의지를 가졌다 하더라도 투기성 자본의 주체가 컴퓨터 버튼을 눌러 다른 국가로 자금을 이동시키면 지역적 한계가 명확한 국가 권력으로는 막을 방법이 없습니다. 그리스를 시작으로 유럽 경제가 붕괴될 때 IMF 유럽연합 내의 구제 금융을 5,000억 달러라는 천문학적 비용을 끌어모아 겨우 임시조치를 취했습니다. 만약 모든 유럽 국가들이 이 문제에 대해 공조 대응하지 않으면 걷잡을 수 없는 연쇄적 유럽 경제 위기의 확산으로 유럽 전체 경제가 붕괴될 수 있다는 위기의식이 확산되었습니다. 한편 이 와중에도 서유럽 내 증시에서 수천억 원이 당시 천안함 사태로 국제사회가 준전시 상태로 간주했던 한국 내로 흘러 들어왔습니다. 유럽발 경제 위기를 전쟁 위협보다 위험한 상황으로 간주한 유럽 내 탐욕적 투기성 자본들이 동북아시아 일대로 투자처를 삽시간에 옮긴 것입니다. 이른바 PIIGGS$^{Portugal, Italy, Ireland, Greece, Great Britain, Spain}$ 11라 불리는 포르투갈, 이탈리아, 아일랜드, 그리스, 영국, 스페인의 연쇄 국가 부도를 걱정하던 서유럽 전통 강국들은 자본들의 책임의식 없는 탐욕적 축적과 독단적 행태에 배신감을 느꼈지만 조치할 방법이 없었습니다. 도리어 큰 규모의 돈들이 서유럽을 일탈하면서 중남부 일대의 유럽발 경제 위기가 아니라 자신들의 국가조차도 빌려준 채권의 채무불이행으로 파산할 수 있다는 위기설에 시달려야 했습니다.

인류 공동체 대부분의 부가 경제 권력의 탐욕적 구심력을

11　**PIIGGS.** 유럽 국가 가운데 최근 심각한 재정 위기와 국가채무에 시달리고 있는 포르투갈(Portugal), 이탈리아(Italy), 아일랜드(Ireland), 그리스(Greece), 영국(Great Britain), 스페인(Spain)의 앞글자를 조합해 만든 신조어다.

지닌 돈들 앞에 흡수되었습니다. 세계 경제는 1%의 인구가 세계 부의 절반 가까이 장악하고 있는 기형적 상황입니다. 따라서 보편 다수의 인류 구성원들에게 나머지 부와 경제 권한 분배는 더욱 냉혹해지고 있습니다. 일류 경제 대국인 미국 국민의 50~60%가량이 비정규직을 전전하고 있습니다. 얼마 전까지 세계 2위의 경제 대국이었던 일본은 70%의 국민이 장기적인 직업 갖기를 포기한 채 하루하루 되는대로 살아가고 있습니다. 유럽의 소르본느 대학의 학생들은 자신들의 학위 관련 증빙 서류 등을 불태우며, 2년제 고용법을 '쓰고 버리는 쓰레기 소각 시스템'이라며 학업을 포기한 채 거리로 쏟아져 나와 시위했습니다. 세계의 강대국의 개체들조차 경제 권한 접근에 대해 근본적으로 제한받는 시스템에 분노하고 절망하고 있습니다. 하물며 제 3세계, 제 4세계에 속한 개체들은 어떠하겠습니까? 경제 권력 앞에 1, 2세계 국가 권력도 대응 능력을 상실한 채 맥을 못 추고 있습니다. 하물며 개체들이 희생당하지 않고 이 파워 게임을 조절하거나 피할 능력이 있겠습니까?

짙은 어둠을 뚫고 더 강력한 빛으로 임하는
하나님의 나라, 복음의 세계 경영

세계화를 통한 단일 세계 시장을 마음대로 오고 가며 먹어 치우는 폭주하는 노골적인 경제 권력, 제어능력을 상실한 국가들의 파국 위기와 대안으로 제시되는 세계 권력의 연동과 시장 동조화 시스템, 이에 희생당하며 신음하는 세계의 개체들, 세계를 둘러싼 어둠은 부인할 수 없을 정도로 분명해 보입니다. 이 글을 읽는 당신은 세계 상황 속 비겁한 예외일 수 있겠습니까? 희생을 강요당하며 일방적인 경제 시스템의 부품으로 살아가다 버려지는 사람들은 경제적 관점에서는 절망뿐입니다. 또한, 그들은 한정 없는 희생을 강요하는 세계 경제 상황이 더 이상 나아지기는커녕 시스템의 요구에 아무리 자신을 끼워 맞춰도 계속 버려질 거라는 두려움 속에 살아가게 될 것입니다. 시스템이 나아질 것이라는 전망도 거의 불가능합니다. 왜냐하면, 이 세계화의 불협화음은 국가 권력들조차도 제어하기 어려운 시스템이 되었기 때문입니다.

그러나 더 강한 빛으로 임하는 하나님의 나라의 완성은 세계를 구원하는 명료한 마스터플랜Master Plan을 가지고 있습니다. 모든 민족 가운데 복음이 증거되면 하나님 나라가 완성될 것입니다마24:14. 이 길은 세계의 개체로서 생존 투쟁하며 자신만 살아남는 졸렬한 길이 아니라 모든 민족을 함께 구원하여 일으키는 확실한 천국 혁명입니다. 이미 구원받은 자신을 생존시키기 위해 세상에 경제 권한을 구걸할 것입니까? 아니면 자신뿐만 아니라 모든 민족이 일어날 구원의 길을 택할 것입니까? 그리스도인이라면 이 질문에 답변해야 할 것입니다. 그리스도인은 예수의 구원으로 하늘과 땅의 권세를 받아 모든 민족을 복음으로 구원할 혁명의 키를 가진 자들입니다.

성도여, 권세를 깨달을지어다.

증강현실^AR 포켓몬 고, 인공지능^AI 알파고, 가상현실^VR의 범용성과 미래

3

포켓몬 고 열풍, 증강현실(AR)의 범용 가능성을 열다

포켓몬 고^{Pokemon Go}[1]를 통해 증강현실^{AR}[2]에 대한 보편 범용성의 가능성이 높아졌습니다. IT^{Information Technology} 엘리트층이 일찌감치 미래 산업으로 내다보고 있던 증강현실^{AR}에 대해 글로벌 IT^{Information Technology} 공룡 대기업인 구글이 구글 글래스[3]를 통해 범용화 가능성을 타진했으나 성공하지 못한 상태였습니다. 그런데 일개 게임 회사가 초보적 단계의 증강 현실을 통해 현실에 존재하는 지리적 실좌표와 가상의 게임 캐릭터를 등장시켜 전 지구적 범용 사용성의 가능성을 보여주었다는 것은 퍽 의미심장합니다.

인류가 기술의 진보 자체에 열광하는 것이 아니라 흥미와 재미를 배가할만한 증강현실^{AR}에 반응하고 있다는 점은 IT^{Information Technology} 엘리트층이 증강현실^{AR}, 인공지능^{AI}, 가상현실^{VR} 등의 최신 기술을 개발해 어떻게 인류에게 보편적으로 적용할

---

1 **포켓몬 고.** 닌텐도 자회사인 포켓몬 컴퍼니와 미국의 증강현실 소프트웨어 개발사인 나이앤틱이 공동 제작한 증강현실(AR) 모바일 게임.
2 **증강현실(AR, Augmented Reality).** 사용자의 현실 세계에 3차원 가상물체를 겹쳐 보여주는 기술. 현실 세계에 컴퓨터 기술로 만든 가상 물체 및 정보를 융합, 보완해 주는 기술을 말한다.
3 **구글 글래스.** 구글이 만든 '스마트 안경'으로, 증강현실(AR) 기술을 활용한 웨어러블 컴퓨터다.

것인지에 대한 전략적 난제를 이미 풀어주고 있기 때문입니다.

구글, 인공지능^{AI} 위해 바둑 스포츠 활용하다

알파고와 이세돌의 대결을 통해 인공지능^{AI}[4]의 범용성에 대한 인류의 위화감을 줄인 경우도 마찬가지입니다. 만약 인공지능^{AI}의 알고리즘이 의료, 법률 등 일부 부분 영역에서 특화된 인간 지성을 압도하는 모양을 보여 주었다면, 관련 직종을 비롯한 전문가들을 중심으로 최신 기술에 직업적 전문성을 도전받고 빼앗길 수 있다는 위화감으로 반감 내지 격렬한 논쟁을 불러일으켰을 수 있습니다. 그러나 인공지능^{AI}이 '바둑'이라는 복잡한 경우의 수를 가진 알고리즘을 인류의 전문가와 대결해도 비등할 시점에 적절히 게임과 스포츠라는 재미와 스릴의 형태로 인류에게 범용성의 가능성을 타진한 구글 측의 접

---

4   **인공지능**(AI, Artificial Intelligence). 인간의 인식 판단·추론, 문제 해결, 언어나 행동지령, 학습기능과 같은 인간의 두뇌작용과 같이 컴퓨터 스스로 추론·학습·판단하면서 작업하는 시스템을 말한다.

근 방식은 다분히 전략적입니다.

가상현실 VR 과 쾌락의 환상

아직 범용성의 가능성을 제대로 타진하진 못했지만 IT 엘리트층이 핵심적인 미래 산업으로 보는 분야가 가상현실 VR [5]의 세계입니다. 증강현실 AR 이 게임과 현실 속 지리적 공간의 혼합을 통해, 알파고와 같은 인공지능 AI 은 인간의 두뇌구조의 학습성을 통해, 현실에 기반을 둔 구조에서 가상세계로 나아가고 있다면, 가상현실 VR 은 아예 현실을 배제한 채로 일차원적으로 눈에 렌즈나 글라스 형태를 착용하여 아예 환상의 세계, 가상 세계를 열어 보이는 구조입니다.

마치 하나님이 인류에게 메시지를 줄 때 그림 형태, 즉 환상

---

[5] **가상현실(VR, Virtual Reality).** 컴퓨터로 만들어 놓은 가상의 세계에서 사람이 실제와 같은 체험을 할 수 있도록 하는 최첨단 기술이다. 인공현실(Artificial reality), 사이버공간(Cyberspace), 가상세계(Virtual worlds)라고도 한다. 가장 먼저 가상현실 기법이 적용된 게임의 경우 입체적으로 구성된 화면 속에 게임을 하는 사람이 그 게임의 주인공으로 등장해 문제를 풀어나간다. 이러한 가상현실은 의학 분야에서는 수술 및 해부 연습에 사용되고, 항공·군사 분야에서는 비행조종 훈련에 이용되는 등 각 분야에 도입, 활발히 응용되고 있다.

을 통해 당신의 메시지를 주었던 것처럼, 사도 베드로가 고넬료 환상을 통해 이방인을 향한 하나님의 계획과 뜻을 본 것을 크리스천은 익히 알고 있습니다. 그러한 전달 형태와 유사한, 기계를 이용한 비전과 환상, 상상을 자극하는 형태 특히 인체 친화적인 안경, 고글, 렌즈 착용으로 가상세계^{VR}가 눈앞에서 펼쳐질 때 사람들이 그 자극에 압도되는 정도는 가히 폭발적일 것입니다.

다만 아직 가상세계가 보편화되기 위해 넘어야 할 장애물은 인체 친화적인 정보전달 형태 확보와 범용성 확보에 있다고 볼 수 있습니다. 현재 가상현실^{VR} 기술은 아직 시각 정보를 따라가는 인체 친화적인 환상을 보여주기 어렵습니다. 사람들이 현재 착용해보고 있는 삼성, 샤오미, 아수스 등 스마트폰 제조 기업이 만들어내는 가상현실^{VR} 기기는 어지럼증을 동반하는 등 오래 착용하기에 편안하지 못한 편입니다. 그에 따라 아직 스마트폰처럼 인류에게 범용적인 사용성을 확보하지 못했습니다.

그럼에도 불구하고 가상세계 기술이 인류에게 보편적인 사용성을 얻어내기 위해서, 흥미와 재미 혹은 그 너머에 선정적이고 쾌락적인 자극을 통해 보편적 범용 수요 가능성을 얻어낼 공산이 큽니다. 왜냐하면, 이미 증강현실^{AR} 포켓몬 고와 인공지능^{AI} 알파고가 인류에게 위화감 없이 범용 가능성을 확보한 흥미 위주 전략이 유효한 것으로 나타났고, 가상현실^{VR}은 이 두 기술보다 현실 구조와 정보를 완전히 차단한 채로 상상의 가상 정보 인지를 더 자극한다는 점에서 더 은밀하고 밀폐되고 선정적이고 자극적이며 말초적인 정보를 통해 범용성과 상업성이 노려질 가능성이 크다고 하겠습니다.

IT와 디스토피아 미래

자 생각해 봅시다. 만약 가상현실[VR]이 어느 계기를 통해 보편화하되, 흥미와 재미를 넘어 선정적 자극, 쾌락과 말초 신경 자극을 통한 음란물 등, 소위 3S[6]라 말하는 쾌락적 정보를 통해 보편성을 얻고 상업적으로 인류에게 다가올 미래를 가정해 봅시다. 이미 충분히 스마트폰을 통해 현대 남성들을 주축으로 수많은 음란물 정보에 접속하고 있다는 통계가 있고, 시각적으로 좀 더 밀폐적이면서 인체 친화적인 가상현실[VR]이 흥미와 재미를 통해 보편적 사용성을 얻어 낸다면, 이내 치달게 될 상업화의 미래는 충분히 디스토피아[7]적입니다.

언제 어디서든 바로 눈앞에서 평면적이 아니라 입체적인 가

---

[6] **3S 정책.** 섹스(Sex), 스포츠(Sports), 스크린(Screen)의 머리글자를 딴 것으로 독재정권이 국민의 정치적 관심을 다른 데로 돌리기 위해 즐겨 쓰는 정책이다. 우민화를 유도하여 대중의 정치적 자기 소외, 정치적 무관심으로 지배자가 마음대로 대중을 조작할 수 있게 하는 정책을 말한다. 식민지정책에 있어서 순치(馴致)정책의 한 전형이다.

[7] **디스토피아.** 현대 사회의 부정적인 측면들이 극대화되어 나타나는 어두운 미래상으로, 유토피아와 대비되는, 전체주의적인 정부에 의해 억압받고 통제받는 가상사회를 말한다. 컴퓨터 기술의 발달로 감시가 더욱 공고화되는 사회, 극단적인 환경오염으로 생태계가 파괴된 사회, 기계에 의해 지배당하는 사회, 핵전쟁이나 환경재해로 인해 모든 인류가 멸망하는 사회 등이 디스토피아에 해당한다.

상세계의 음란과 퇴폐적 환상과 상상을 넘나드는 정보의 미래가 보편화된다면, 심지어 그리스도인들조차 일주일에 한두 번 교회를 출석하고 말씀을 30분 듣는 것만으로 앞으로의 시대에 펼쳐질 음욕과 정욕의 자극과 타락을 과연 이겨낼 수 있을까요? 더 강력한 교회 공동체의 구조를 고민하고 성령님의 더 깊은 감동 감화하심의 역사를 구할 일입니다.

조다윗 선교사의
세계와 시대읽기

알파고와 지식나무의 도전, 지성주의의 역사

4

지성주의 역사

얼마 전 구글에서 핵심 사업으로 추진하고 있는 인공지능[AI] 시험 무대로 한국이 선정되어 온 세계가 프로기사 이세돌과 인공지능[AI] 알파고의 대결을 경험했습니다. IT 계통에서 가장 선두주자 중 하나인 구글이 추진하는 핵심 사업 중 하나가 바로 인공지능[AI]을 통한 인류 지성의 업데이트입니다. 이것은 단순한 게임을 통한 엔터테인먼트 거리나 자사 홍보용 이벤트만이 아닙니다. 이것은 구글이 지식 정보화 사회의 미래에 대한 믿음으로 추구하는 핵심 사업인바, 자신들의 지식정보 플랫폼을 통해 인류 자체를 업데이트, 업그레이드하겠다는 야망이 담긴 미래를 향한 위험한 도전입니다.

역사를 거슬러 올라가 보면, 인류는 지성에 대한 강력한 믿음을 보여 왔습니다. 인류가 고대와 중세까지 신봉해왔던 종교의 신적 세계에 대한 믿음을 와해시키고 새롭게 신봉한 것은 근대 인류의 합리적 지성에 대한 믿음이었습니다. 이것은 곧 영적, 종교적 지성에 대한 청산이며, 인류의 불변하는 자연만물 법칙에 대한 이성적, 합리적 지성에 대한 믿음의 시대가 열리게 됨을 의미합니다. 무당이 주관해왔던 신적 세계의 영적 지식을 통한 인류 경영은 예측불허하고 불안정하여 거짓을 증가시키는 결과를 가져왔다는 것이 근대 세계에 인류의 판단이었습니다. 고대로부터 중세 어간까지는 무당을 비롯한 종교 권력자가 받은 영적 세계에 대한 신호를 통해 인류의 미래 방향을 제시하고 인류를 이끌어 왔습니다. 그렇지만 그 영적 종교지성은 너무나도 무책임하고 불안정해서 미래를 예측하고, 그 예측이 빗나가면 번복하기 일쑤였습니다.

이후 중세에 이르러 고대의 미개한 영적 지식이 체계화되어 종교 지성이 고등화 되고 형식과 예식, 경전과 전통이 시스템화되는 방향으로 나아갔습니다. 그러나 곧 인류는 중세에 체계화되고 시스템화된 종교 지식과 형식에 대해 도그마의 무게와 권위주의의 압박만 경험할 뿐 생명력이 있다고 느끼지 못했습니다.

따라서 인류는 근대 이후 자연법칙에 대한 인간의 이성적 깨달음에 대한 믿음을 가지고 고대와 중세에 신봉하던 신적, 영적, 종교적 지식이 아닌, 인간에 근거한 합리적 지성을 폭주시키는 방향으로 인류 근현대 유산과 문명을 끌고 왔습니다. 근대 이성에 대한 신봉이 절정에 이르렀을 때는 인류가 자연법칙을 관찰하여 발견한 지식에 대한 자부심이 너무 커서 세계 자체가 인류 합리적 이성으로 완전히 분석되고 도식화된다고까지 믿었습니다. 근대 인류는 이성을 사용해 사과가 위에서 아래로 떨어지는 만유인력의 법칙을 자연에서 관찰하여 깨달았습니다. 또한, 근대 인류는 이 자연법칙을 공식화, 도식화해도 좋을 만큼 세계 어디에서나 똑같이 적용되는 일반보편

법칙이며 진리에 상응하는 자연과학 지식이라고 믿었습니다.

그러나 타락한 인류가 자신의 지성에 대한 자부심으로 달려온 근대는 도리어 지성에 대한 맹신으로 역사에 자가당착적인 치명적 오류를 남기게 됩니다. 합리성과 자연과학의 발전으로 진보된 과학기술이 첨단 무기를 개발해내고 이것이 곧 인류의 탐욕에 발톱으로 사용되어 1, 2차 대전 발발 가운데 인류 역사상 가장 많은 수의 인간들을 학살하게 된 것입니다. 근대 합리적 지성이 아이러니하게도 자신이 낳은 과학기술을 통해 완전히 실패하게 된 것이지요.

영화 〈셜록 홈즈〉, 근대 지성주의의 아이콘

이런 지성주의에 대한 모든 역사를 간략히 서술하기란 어렵습니다. 모든 학문 분야의 체계가 근대에 갖춰진바, 종교학, 정치학, 경제학, 사회학 등 모든 학문 분야를 막론하고 대부분

학문에 깊이 들어가다 보면, 인류 지성주의를 우회할 수 없습니다. 인류 지성주의 역사에 대해 간단하게 이해하기 어렵지만, 몇 년 전 개봉한 〈셜록 홈즈〉라는 대중 영화가 오히려 지성주의 역사에 대해 쉽게 함축적으로 풀어 이야기하고 있습니다. 대중 추리 소설을 바탕으로 했음에도 불구하고, 이 영화를 꼼꼼히 들여다보면, 이 영화가 인류 지성주의에 대한 역사를 상징적으로 개괄하고 있다는 점은 퍽 놀라운 일이 아닐 수 없습니다.

사실 영화에서 다루고 있는 셜록 홈즈라는 인물은 단순히 미제의 사건을 추리하는 탐정으로만 기능하는게 아니라 근대 지성 체계를 상징합니다. 셜록 홈즈가 범인을 찾기 위해 한 개체든, 집단이든, 민족이든, 나라든 어떤 대상을 관찰해서 스캔하고 몇 가지 질문을 던진 뒤, 사건의 앞뒤를 추론할 수 있는 가설을 세우고 일반화할 근거를 찾아낸 다음 결론을 내리면,

그것은 마치 기계처럼 정확한 예측과 결론이 됩니다.

이것은 바로 근대 지성주의가 사용하는 지적 갱신의 학문적 방법론입니다. 이를테면 오늘날 우리가 지적 갱신을 위한 학문 논문을 쓸 때도 여전히 근대 지성주의의 영향을 받고 있어서, 학문 논문의 진술 방법은 다음과 같습니다. 세계를 관찰, 질문하고, 관찰에 따른 몇 가지 타당해 보이는 질문에 답이 될 만한 결론을 유추하기 위한 가설을 세우고, 이것을 입증합니다. 물론 입증은 인간의 주관과 상상으로 하는 것이 아니라, 세계에서 관찰해낸 근거들이 일반화될 만큼의 충분한 데이터가 구축되었을 때, 이렇게 검증된 가설을 예외 사례가 없는 객관적 일반론으로 결론을 내립니다. 따라서 셜록 홈즈는 근대 지성주의를 상징하는 인물로 설정되어 있다고 봐도 무방합니다.

프리메이슨[1] - 근대 합리적 지성주의와 중세 · 고대 지성주의

1 **프리메이슨**. 1717년에 영국 런던에서 설립된 단체로 오늘날의 노동조합과 비슷한 중세 석공들의 조직인 길드를 모체로 생겨났다. 설립당시에는 석공들의 친목도모와 교육이 목적이었으나 점차 직업에 관련된 현실적인 문제뿐 아니라 윤리나 도덕 같은 철학적인 문제까지 토론하면서 지식인들이 주도하는 비밀결사로 발전했다.

를 이어가는 과도기적 집단

 영화 〈셜록 홈즈〉 1편에서 이 근대 지성주의를 상징하는 셜록 홈즈와 대결하는 집단이 나오는데, 그것은 기독교계에도 음모론으로까지 알려진 '프리메이슨'이라는 집단입니다. 프리메이슨은 자신들의 본류를 근대 지성주의 네트워크뿐만 아니라 고대 종교적 지식에서까지 찾는 비밀결사 집단이었습니다.
 역사상 실존했던 프리메이슨은 비밀 결사 집단이었기 때문에, 외부에 자신들의 정보를 노출하길 꺼렸습니다. 물론 이 프리메이슨 집단이 하나님의 말씀의 지혜보다 인간의 지성네트워크를 통해 세상을 구원, 유토피아로 이끈다는 신념을 가졌다는 점에서 프리메이슨에 대해 일부 근대 기독교인들의 경각심이 필요한 측면이 있었습니다. 하지만 현대 경제 체제를 단순 도식화해 학문적 근거가 빈약한 《화폐전쟁》과 같은 책에서, 프리메이슨에 대해 과장되게 진술한 측면을 무분별하게 받아들이는 것은 사실 문제가 있습니다.

프리메이슨은 근대 합리적 지성만이 아니라 고대의 영적, 비의적(秘儀的) 지식까지 신봉했습니다. 지성주의 역사에 따르면 고대, 중세에 신봉된 영적, 비의적 지식은 근대 합리적 지성에게 퇴출당한 지식으로 보기 때문에 영화에서는 고대의 영적 지성까지 받아들이는 프리메이슨이 근대의 합리적 지성 체계로 상징되는 셜록 홈즈에게 간단히 제압당하는 것으로 나옵니다. 즉, 지성주의자들 스스로 생각하는 지성주의 역사 발전 단계에 흐름은 근대가 고대와 중세의 종교적 지성을 제압하고 합리적 지성을 승리케하는 방향으로 진보되어 진행되었다는 의미지요. 물론, 역사적으로 프리메이슨은 합리적 지성주의 근대사회를 추동하는데 어느 정도 영향을 미쳤습니다. 하지만 프리메이슨은 근대 합리적 지성체계로 넘어가는 과도기 중에 있었던 지성주의 신봉자들이었음에 분명합니다.

다시 말하지만, 이들은 전 세계 지성주의자들의 네트워크가 인류사회를 유토피아와 구원으로 인도할 것을 확신하여 비밀결사 조직을 꾸리면서 여러 인사를 포섭하다가 기독교계 인사들과 접촉하게 되었습니다.

그러나 성경적 관점에서 기독인사들이 바라본 이들의 생각은 매우 위험한 사상이었습니다. 왜냐하면, 지혜 되시는 예수 그리스도의 복음으로 인류가 구원될 일이지, 바벨탑 사건처럼 인류 스스로가 자신들의 생각과 지성, 파워를 결집해서 인류사회를 유토피아로 가져갈 수 없기 때문입니다. 그래서 기독인사들 위주로 프리메이슨에 대한 정보를 폭로하기 시작했는데, 문제는 그들 집단의 성격이 비밀 결사이다 보니, 파편적 정보밖에는 획득할 수 없었고 파편적 정보를 기반으로 무리하게 추론하여 이들의 영향력을 부풀려 설명해왔던 것입니다.

예컨대 '로스차일드 가문[2]'의 경제 영향력이 너무 커서 현대 모든 경제 권력을 컨트롤하고, 결국 이를 기반으로 적그리스도가 출현할 거라는 일부 견해는 사실 근거가 빈약한 음모론

2　　**로스차일드 가문.** 독일-유대계(German Jews) 혈통의 국제적 금융 재정 가문이다. 오스트리아와 영국 정부로부터 귀족 작위를 받았다.

적 포비아일 뿐입니다. 근대까지만 해도 한 가문의 경제력이 전 세계를 컨트롤할 정도에 영향력을 미칠 수도 있었습니다. 그러나 근대 이후 현대에는 인류의 경제 생산 능력이 폭주하여 기하급수적으로 증대되었습니다. 따라서 한 가문이 세계 경제를 컨트롤하고 이를 통해 적그리스도를 출현시킨다는 견해는, 전 인류의 총생산량과 한 가문의 경제 능력을 수치화해서 비교해보기만 해도 그 근거가 빈약하다는 것을 쉽게 알 수 있습니다. 현재 전 인류의 총생산량은 한두 가문이 컨트롤하기에는 압도적으로 커졌기 때문입니다. 또한, 일부 인터넷 공간에서는 기독 인사들이 양복주머니에 손을 넣은 사진을 찍어 올리고, 프리메이슨 수신호 동작과 오버랩시켜 기독 인사들을 프리메이슨으로 몰아붙이는 일까지 있는데, 이는 이단적 사상을 다루는 데 있어 기독교의 성경적 공의회의 치리 방식과도 매우 다른 조악한 문제 제기 방법입니다. 성경은 형제가 이단적 사상에 빠져있다든지 하는 치명적인 죄가 있다면 특히 그가 리더일 경우, 참소의 위험을 방지하기 위해 객관적 증인이나 증거가 2~3가지 이상 있어야 합니다. 또, 먼저 한두 사람을 보내 권고하고, 공의회에 세워 회개하라고 요청하는 절차 등을 거치게 됩니다. 그런데 달랑 사진 한 장으로 기독 인사들을 프리메이슨으로 매도하는 것은 성경적 절차라기보다는 선정적 방식으로 정보의 자극을 극대화하고 음모론으로 몰고 가는 일일 뿐입니다.

아무튼, 오히려 이 프리메이슨 집단은 자신들의 실체를 역사적 사건에서 찾으려 노력합니다. 아이러니하게도 근대 유럽에서 프리메이슨 조직이 실재했음에도, 이들은 자신의 원류 집단을 고대 중동에 이집트의 석공 집단에서 찾고 있다는 점입니다. 유럽 인종과 중동 아프리카 인종은 혈통적으로 엄밀히 다릅니다. 유럽 대륙과 이집트 문명이 존재했던 북아프리카 중동 아시아 대륙은 지역적으로도 다릅니다. 그들은 왜 연관

관계가 빈약한 이집트에서 본인들의 원류 집단을 찾을까요? 그들 스스로 문명 개조의 적장자임을 자처하기 위해서입니다. 유럽 문명은 중동 문명에 비하면 적어도 500년에서 1000년 뒤에 일어난 후발 주자입니다. 이집트와 바벨론 문명이 유럽 문명이 추동하기 전에 생긴 선도 문명인 셈이지요. 이에 따라서 문명의 근원처인 바벨을 이은 이집트 문명에서 문명지식을 수혈받은 프리메이슨 자신들이야말로 문명을 선도하고 디자인할 문명적장자라는 것입니다. 물론 인종과 지역이 다른 것에 대해서는 몇몇 역사적 사실관계를 삽입해서 극복하려 합니다. 예를 들어 **유럽 헬라 철학자들의 지식이 르네상스를 통해** 근대에 복원됨으로 말미암아, 근대 계몽주의가 열렸는데 이 고대 헬라 유럽 철학자, 수학자 피타고라스 등이 이집트에서 유학한 흔적이 있습니다. 따라서 피타고라스가 배워 온 기하학, 수리학 등은 이집트로부터 수혈받은 것이라는 거죠. 오늘날에도 이집트에 가면 사막, 도시 할 것 없이 피라미드가 보입니다. 고대 이집트인들이 지은 거대 건축물인 피라미드와 스핑크스가 오늘날까지 그 면모가 유지되는 것을 보면 현대인들조차 감탄을 금할 수 없습니다. '도대체 어떤 기하학적 지식이 있었길래 저런 건물이 지어지고 오늘날까지 그 모양을 그대로 유지하는가?' 하며 고대 지식에 대해 감탄한다는 것이지요. 그런데 그런 이집트의 기하학적 지식을 헬라 철학자와 수학자들이 이집트로 유학을 가서 수혈받은 역사적 사례들이 있고, 이후 르네상스를 통해 헬라 지식을 복원한 프리메이슨 자신들이야말로 문명의 적장자라고 설명합니다. 따라서 고대 문명 지성부터 근대 지성까지 맥을 이어온 프리메이슨 자신들이야말로 앞으로 문명을 디자인하고 선도하여 세계를 유토피아로 이끌 수 있다는 당위성을 부여하는 것입니다.

또한, 왜 프리메이슨은 유럽에 근대 지성 권력 엘리트층의 네트워크를 구축하면서 도리어 고대 이집트 석공, 하위층 노무자 집단을 자신들의 원류 집단으로 꼽았을까요? 고위 엘리트층을 포섭하던 근대 프리메이슨과도 집단 계층성이 완연히 다른데 말이지요. 그들은 바로 고대 이집트 석공 집단이 단순 하위층 노무자 집단만이 아니었다는 것으로 이를 설명합니다. 왕의 무덤이었던 피라미드와 스핑크스 등을 건축했던 고대 이집트의 석공 프리메이슨들은 단순한 노무자가 아니라, 이집트의 왕이자 태양신 아들의 건축물을 지었다는 점에서 정치, 종교권력을 통합적으로 추동하고 움직일 수 있는 인물군이었다는 것입니다. 또한, 국가적인 대토목공사를 감당하기 위해서, 물자와 물류의 유통 및 이동과 경제 권력이 컨트롤되어야 가능한 일을 해냈던 자들이라는 것입니다. 자신들의 수리학적, 기하학적 과학 지식을 사용해서 문명에 삼중 권력인 정치, 종교, 경제 권력을 동시에 움직일 수 있었던 석공들은 단순한 노무자가 아니라 곧 문명 디자이너, 문명 건축가였다는 것입니다.

이제 주지하다시피 프리메이슨은 지성주의자들의 역사적 발전 단계에 입각하면 근대의 합리적 지성을 수혈받았으나 고대와 중세까지 횡횡했던 영적, 종교적, 비의적 지식에 미련을 보인 사람들입니다. 고대 이집트의 태양신과 심지어 기독교의 형제애 그리고 영적 비의와 예식까지 섞어서 차용한 이들은 근대 지성주의자들을 낳는데 일정 부분 기여했습니다. 하지만 근대 지성주의자들의 눈으로 보기에는 합리적 지성이 아닌 고대 지성체계에까지 미련을 보여 도태되어야 할 인물군이며 집단군인 것입니다. 따라서 이 프리메이슨 집단은 영화 〈셜록 홈즈〉에서 근대 지성주의자를 상징하는 셜록 홈즈의 대척점에 서지만, 간단히 홈즈에게 제압당해 버립니다. 자유주의 역사가들의 인식처럼 고대, 중세의 미개한 영적 지성을 제압하고 타도한 근대 인간의 합리적 지성에 역사적 우위를 설파하고 있는 것이지요.

근대, 현대 지성의 실패
—근대 합리성, 효율성의 지성이 현대 실용 지성,
실용 대세 시스템으로 이행

 영화 〈셜록 홈즈〉 2편을 보면, 2편에서는 〈셜록 홈즈〉의 숙적으로 '모리아티'라는 수학 교수가 등장합니다. 통상 우리는 셜록 홈즈의 숙적으로 루팡을 많이 떠올리지만, 사실 원작에서도 셜록 홈즈의 결정적인 숙적은 바로 이 모리아티 교수입니다. 앞서 말한 대로 셜록 홈즈가 근대지성주의를 상징한다면, 모리아티는 동전의 양면과 같은 인물로, 반면교사로서 타락한 근대 지성주의를 상징합니다.

 영화는 모리아티 교수를 근대 지성주의가 신봉하는 수학과 기하학 관련 분야에 능통한 교수로 상정하면서, 그가 타락한 나머지 셜록 홈즈에 필적할 자신의 지식과 지성을 동원하여 1, 2차 대전과 유사한 개연성이 엿보이는 전쟁을 일으키려는 모습을 보여줍니다. 모리아티는 타락한 탐욕으로 지성을 부려, 더 큰 전쟁을 촉발해 자신의 이익과 권력을 쌓고자 하고, 이를 간파한 셜록 홈즈와 시종일관 대결을 펼칩니다. 결국, 근현대 교차기 유럽의 역사적 상황과 절묘하게 오버랩시켜 역사를 반추하는 것이지요. 즉, 근대 지성주의에 대한 기대와 찬사는 현대를 연 1, 2차 대전으로 와해(瓦解)됩니다. 근대 지성주의가 인류의 지성이 인류 문명을 일깨워 발전시키고 유토피아로 이끌 수 있을 거라 낙관적으로 전망했는데, 근대 합리적 지성의 총아인 과학과 기술이 인간의 탐욕과 만나 1, 2차 대전을 통해 전사(前史)에 없던 더 큰 살육을 양산해버린 것이지요.

따라서 모리아티 교수는 실패한 근대 지성주의를 상징하기 위해 '모더니티 Modernity, 근대'라는 단어를 차용한 이름으로 보입니다. 또한, 역사적으로 근대 말미에 1, 2차 대전이 실제로 일어났는데, 영화 속에서 모리아티 교수가 유사한 전시상황을 발생시키려 한다는 점으로 볼 때, 이는 곧 근대 지성주의의 타락과 모순을 상징하는 인물이라 보여집니다. 역사적으로는 1, 2차 대전을 통해 근대 지성주의는 완전히 실패했습니다. 그러나 영화의 말미는 실패한 지성주의를 어떻게든 되살려보고자 하는 방향으로 결론지어집니다. 실제 근대 역사로는 지성주의가 양심도 컨트롤하지 못한 채, 탐욕과 야망으로 1, 2차 대전을 통해 인류를 말살할 뻔했지만, 영화상에서는 양심적 지성주의를 상징하는 셜록 홈즈가 결국 타락한 지성주의인 모리아티 교수의 폭주를 제어하고 세계 전쟁 직전까지 간 상황을 평화롭게 반전시킵니다. 역사적 사실과 개연성은 세계대전이 일어난 상황으로 갔지만, 영화는 이것을 부인하기 위해 몇 가지 장치를 설정합니다. 즉, 전쟁을 일으키려 하는 모리아티 교수를 제어하기 위해 셜록 홈즈가 죽기까지 싸우다가 진짜 죽은 것으로 처리됩니다. 관객이 주인공의 죽음으로 허탈해할 무렵, 영화가 끝나기 직전 셜록 홈즈가 자신의 탁월한 지성적 능력으로 부활해 다시 나오는 것으로 반전시켜 관객을 안심케합니다. 즉, 역사적 근대 지성주의는 실패했으나, 양심적 지성주의를 상징하는 셜록 홈즈처럼 인류가 타락한 근대 지성주의를 제어하고 반성해서 교정하면 언제든지 인류의 현재와 미래는 다시 인류의 지성으로 인해 소망을 얻을 수 있다는 지성주의에 대한 낙관적 전망을 나타내는 것이지요.

그러나 인류 역사가 하나님으로부터 떠나 지식나무인, 선악과 The Tree of Knowledge of Good and Evil 를 따먹음으로써 고대 미개한 영적 지식, 중세 체계적 종교 지식, 근대 인간의 합리적 지성주의에 거듭된 좌절을 경험했음에도, 오늘날 초현대에도 계속되고 있는 지성주의에 대한 여전한 믿음과 그 개악성은 세계를 더욱 암울하게 합니다.

근대의 합리적 지성 체계가 르네상스 이후 명분상 고상한 헬라 지식을 복원하여 세계를 합리성, 효율성에 따라 이끌고자 했다면, 오늘날에 당면한 현대 지성 체계는 합리성과 효율성을 특징으로 하는 근대 지성 체계보다 훨씬 진보된 것이 아니라 오히려 개악스러워져, 인격과 집단까지 쓰고 버릴 수 있는 실용지식 체계를 수혈하고 있다는 점에서 가히 더 위험한 세계를 열어 가고 있다 하겠습니다.

세계가 자본주의 대 공산주의의 대결 양상 이후 자유경제 체제에 입각한 자본주의의 승리로 기울면서, 세계는 세계화를 통한 전 지구적 시장 경쟁 체제에 확신 있게 동의하였거나 동의해가고 있습니다. 따라서 신자유주의[3] 신봉자들은 경제 요소의 자유로운 경쟁과 활동을 로컬에서만 국한 짓지 말고 세계화를 통해 세계 시장의 모든 장벽을 제거하거나 낮춤으로써 자원, 자본(금융), 노동, 기술 등의 경제요소가 국가를 넘어 어디든지 이동하여 자유롭게 경쟁하고 효율적으로 조합된다면 세계에 경제적 유토피아가 오리라고 확신했습니다.

경제 요소들이 지역적 차원에서만이 아닌 전 지구적 차원에

---

3 **신자유주의.** 하이에크, 프리드먼 등이 주장하는 계열의 이론으로, 1980년대 대처리즘과 레이거노믹스의 바탕이 되는 사상이다. 경제를 자유로운 시장메커니즘에 맡길 것을 주장하고 있으며, 마르크스주의나 케인스의 경제정책에 대하여 국가에 의한 설계주의라는 명목으로 배척하고 있다. 신자유주의의 주된 내용은 규제 완화, 공기업의 민영화, 노동시장의 유연화, 정부지출 축소, 감세를 통한 기업경쟁력 제고, 산업의 구조조정, 권력의 지방 이양, 자본의 자유로운 이윤추구를 보장하는 범세계화 등이다.

서 조합되고, 경쟁 효율성을 제고 한다면 더 효율적인 경제 생산과 경제적 풍요가 보장되리라 본 그들의 계획과는 달리 세계화로 인해 장벽을 낮춘 세계적 단일 동조화 시장체제는 오히려 큰 부작용을 낳고 있습니다.

바로 금융, 부동산 자원 등을 중심으로 한 투기성 탐욕적 경제 활동이 실물경제와 국가 권력까지 좌초시키는 사건들이 미국발 경제위기와 유럽발 경제위기로 촉발되며 세계를 흔들어 놓은 것이지요. 세계화 체제가 탐욕을 제어하지 못하고 미국과 유럽이라는 세계 문명의 두 축의 경제 구조를 붕괴시켰습니다. 탐욕적 경제 활동 또는 탐욕적 경제 권력은 일해서 번 돈, 즉 실물 경제 활동이라기보다 투기성 금융활동입니다. 탐욕적 경제 활동이 실물 경제를 흡수해 먹어치우고 세계 경제를 황폐화시키지만, 국가권력으로도 제어하기 어려운 이유는 이 탐욕적 경제 권력이 세계화하여 로컬 국가 권력의 제어를 받지 않고 국가 권력의 규모와 경제를 넘어섰기때문입니다. 그래서 국가권력자들은 국가권력의 연동과 동조화를 통해 문명 권력 수준의 경제력 투여로 세계 경제의 문제를 임시방편으로 겨우 심폐 소생합니다. 유럽발 경제 위기가 일어났을 때, IMF 200개 국가의 구제 금융과 유럽 공동체 전체 국가의 구제 금융으로도 7,500억 달러 규모의 그리스발 유럽 경제 붕괴를 겨우 막고 일시적으로 심폐 소생하였습니다. 탐욕적 거대 경제 권력의 활동이 너무 커져 세계 1%의 인구가 이러한 기형적 탐욕 경제에 힘입어 세계 경제 규모의 절반을 장악하게 되었습니다. 따라서 대다수 70억 인구는 1%의 인구가 장악한 경제 규모 외에 나머지 절반으로 나누어 살아야만 하는 현실을 마주하게 되었습니다. 그래서 도입된 시스템이 실용대세 시스템입니다. 대다수 인구의 경제 권한 규모와 획득 주기를 짧게 분절시켜 고용에 기간제, 비정규직, 워크아웃, 구조조정 제도를 대세화하고 경제 권한을 로테이션시키는 불안하고 고통스러운 구조를 만들었습니다.

근대 지성이 합리성에서 효율성을 추구했다면 초현대인 오늘날에는 합리성, 효율성에서 한 단계 더 나아가 인격까지 쓰고 버리는 실용성의 세계를 열고 있는 것입니다. 다시 말해 이러한 시스템은 심지어 인격이나 집단, 기업과 나라까지 경제 권한을 중심으로 기간제, 비정규직, 구조조정, 워크아웃이나 디폴트까지 시킬 수 있는 구조로 인격성과 인격성의 집단을 실용적으로 쓰고 버릴 수 있는 실용 기자재로 만들었다는데 그 개악성이 있습니다. 근대 지성이 반추를 통해 현대에 더 나은 지성을 연 것이 아니라, 오히려 합리성과 효율성을 넘어 실용 대세의 시스템을 구조화시키고 언제든지 사람들을 쓰고 버릴 수 있는 것으로 고통스럽게 만들었다는 점은 인간의 아이디어 즉, 지성 세계가 근대 이후 초현대에 얼마나 크게 실패하고 있는지 명백히 보여준다 하겠습니다.

지식정보화 사회의 진화,
DT Data Technology 4와 ST Spiritual Technology 5
– 데이터 적층, 스피릿처 테크놀로지

　지식 엘리트들은 사회 플랫폼에 끌려다니길 원치 않습니다. 도리어 사회구조나 플랫폼에 대하여 관리자가 되길 원합니다. 플랫폼의 관리자가 될지언정 그것으로부터 관리받는 입장이 된다면 사실상 권한과 권력으로부터 멀어지는 일이라는 것을 엘리트들은 거의 생리적으로 아는 것이죠. 한동안 지식 엘리트를 비롯한 고위층 사회에 인문학, 사회과학 열풍이 불었습니다. 현재 세계 지성 엘리트들이 합의한 세계의 구조는 실용 대세 구조입니다. 쓰고 버릴 수 있는 구조를 대세적 구조로 굳혀 사람들이 계약직, 비정규직 등으로 단기적 경제 권한만 얻다가 워크아웃 되거나 구조 조정되는 것을 당연한 것으로 시스템화한 것이죠. 이러한 시스템은 대부분의 일반 시

4　　DT(Data Technology). 데이터 기술이란 의미로 데이터화한 정보를 활용한 미래 산업 기술인데, IT서비스와 접목되면서 사용자들의 취향을 분석해 뛰어난 예측을 하고 사용자 맞춤형 정보를 생산해내며, 이를 통해 유의미한 지식 정보 및 인사이트를 도출해낸다는 특징이 있다.

5　　ST(Spiritual Technology). 인류가 선택할 미래의 플랫폼을 기존의 정보(IT)나 적층된 데이터(DT)를 통해 예측하여 선택하는 것이 아닌 영감, 창의성, 창조성을 담아 미래 인생들이 선택할 플랫폼을 선도하는 것을 의미한다.

민들에게는 실용가치에 따른 당장 써먹을 수 있는 실용지식과 스펙가치를 익히라고 요구합니다. 이러한 영향으로 대학가에는 전통적 학문 분야, 인문학, 사회과학 등이 존폐의 위기를 겪고 있으며, 마치 학원가처럼 실용지식 주입이 득세하고 대세가 되었습니다.

그런데도 왜 세계 엘리트들과 권력층, 기업인, 재벌 층위에서는 도리어 인문학, 사회과학 열풍이 불었을까요? 다시 말해 대학교 및 아카데미 사회에서는 인문학, 사회과학 등의 순수 학문이 퇴보하거나, 통폐합되는 등에 구조조정을 겪으며, 학문적 뿌리도 빈약하여 학원가에서나 떠돌 법한 지금 당장 써먹을 수 있는 지식과 실용 스펙 교육에 입지를 빼앗겨갔습니다. 정작 이러한 스펙 실용시스템을 구조화한 지식 엘리트층 및 고위층은 왜 이율배반적으로 스펙가치를 신봉하여 그것을 배우지 않고, 실용 대세의 여파로 폐기처분의 압력을 받는 듯 보이는 인문학과 사회과학에 심취하고 개인 교사까지 두어 몰

두하는 모습을 보이는 것일까요?

    IT^{Information Technology 6} 세계의 등장으로 사회에는 실용성과 편의성이 더욱 증가합니다. 하지만 사회구조에 대한 권한^{Authority}은 대부분 큰 패러다임 변화에 직면하고 도전받게 되는데, 왜냐하면 대부분의 사회 권한에 대한 접근 열쇠가 가상세계 안으로 들어가 버린 것이지요. 사람의 사회적 아이덴티티(정체성) 확인부터, 사회적 권한 사용이 모두 오프라인이 아닌 온라인 세계로 전이되었기 때문입니다. 이제는 본인 확인조차 등기부 등본이나 인감이 아닌 스마트폰 인증으로 가상세계에서 처리하며, 금융을 비롯한 경제적 확인 절차가 인터넷 뱅킹 등을 비롯하여 온라인에서 이루어지게 되었습니다. 그야말로 사회적 오소리티에 대한 접근성이 온라인으로 완전히 전이되고 있는 것입니다. 권력층위군, 경제 권력의 정점에 있는 기업인들, IT계 지식 엘리트들은 이러한 가상 세계로 전이되고 있는 플랫폼 권한, 오소리티를 계속해서 영구히 얻기 원합니다. 그

---

6   IT(Information Technology). 정보를 주고받는 것은 물론 개발, 저장, 처리, 관리하는 데 필요한 모든 기술이다.

러나 IT 쪽 플랫폼으로 급격히 전이된 사회적 오소리티는 매우 유동적인 것이 되었습니다. 새로운 플랫폼에 의해 주도 플랫폼이 도전받고 그 기능을 빨리 상실하기 때문이지요. 지식정보화 사회가 신속한 정보구축을 통한 플랫폼 기반으로 하기에, 지식정보 갱신 속도가 매우 빠르고 그 스팬이 매우 짧아지는 특징을 갖고 있습니다. 그렇기에 주도했던 플랫폼은 빠르게 그 기능주기를 상실하고 다른 플랫폼이 올라와 주도 플랫폼으로 부상하게 됩니다.

따라서 신속한 정보 구축^{IT}을 통한 플랫폼[7]은 이제 보편화되었으며, 오히려 이제는 IT보다 한단계 진화된 DT$^{Data\ Technolgy}$로 구축된 플랫폼이 주도 플랫폼으로 떠오르고 있습니다. IT 계통의 주도 플랫폼으로 떠오른 페이스북, 알리바바, 넷플릭

---

7 **플랫폼.** 컴퓨터 시스템의 기반이 되는 소프트웨어가 구동 가능한 하드웨어 구조 또는 소프트웨어 프레임워크의 일종이다. 구조(Architecture), 운영 체제(Operating System), 프로그래밍 언어, 그리고 관련 런타임 라이브러리 또는 그래픽 사용자 인터페이스(GUI: Graphic User Interface) 등을 포함한다.

스[8] 등이 그러한 예시인데 이것은 단층적 정보의 신속한 전송을 넘어서 데이터화한 정보 즉, 적층적 정보가 인간과 소비자에게 최적화되어 인격성, 인종 성분, 종교, 언어, 관계, 계층 등 심지어 기호와 취향까지 입체적으로 추격하여 알고리즘을 가지고 맞춤으로 적층 전송되는 것을 말합니다.

페이스북에 자신의 이메일 주소를 입력하면 순식간에 그 아이디 주인의 사회적 관계도를 읽기라도 한 듯 친구추천이 들어오며, 넷플릭스가 끊임없이 취향에 맞는 영상물을 추천하는 것도 이러한 DT$^{Data\,Technology}$, 데이터 테크놀로지가 플랫폼화 되어 플랫폼 경쟁에서 과거의 IT 플랫폼으로부터 주도권을 빼앗고 있음을 의미합니다.

또한, 이 플랫폼끼리의 경쟁에서는 인간 친화적 기술의 개념이 중요해집니다. 결국, 정보를 단선 혹은 입체적으로 신속히 전송시키는 플랫폼을 만들어보니 인간 친화적인 정보만이

---

8 **넷플릭스.** 미국 최대의 온라인 TV·영화 서비스 회사. 세계적인 인터넷 기반 TV 서비스 기업이다. 일정 금액을 지불하면 영화나 드라마 등을 볼 수 있는 방식으로 전문가들이 제작한 영상만 서비스하고 있으며, 사용자 취향에 맞는 콘텐츠를 자동으로 추천해 주는 기능이 있다.

주도 플랫폼소스로 선택을 받더라는 것입니다. 플랫폼이 사회 주도적 관리자 권한을 얻기 위해서는 대다수의 사람에게 선택을 받아야 하는데, 여기에서 인문학이나 사회과학이 갑자기 다시 엘리트 층위에서 주목받는 이유가 생긴 것입니다. 인문학은 인간 정신성을 연구하는 학문입니다. 인접 학문인 사회과학은 인간 정신성이 서로 관계하고 상호작용하면서 파생시키는 사회구조를 연구하는 학문입니다. 이러한 인문학과 사회과학을 권력층과 지식 엘리트, 재벌과 기업인들이 열을 올리며 익혔던 이유는 바로 플랫폼을 획득하는 것이 관리자로서 사회 권한, 권력을 누리는 방편인바, 유동적인 플랫폼을 계속적으로 혹은 항구적으로 장악하기 위해 반드시 인간 친화적인 선택성을 알아야 할 필요가 생겼고, 이에 따라 리더들은 인간 정신성과 인간 사회구조를 연구한 학문을 공부하는 것입니다.

그러나 플랫폼 경쟁과 기존 플랫폼의 소멸 주기가 짧아진

점, 플랫폼 유동성이 심화된 상황에서 IT$^{\text{Information Technology}}$나 DT$^{\text{Data Technology}}$라는 플랫폼도 관리자 권한을 항구적으로 얻기는 어렵습니다. 그래서 리더들은 현재 주도적으로 선택받을 플랫폼보다 미래에 선택받을 플랫폼을 알길 원합니다. 현존하는 인간 친화적인 플랫폼을 넘어서 미래에 대한 창조성을 지닌 플랫폼을 열길 원하는 것이죠. 따라서 이른바 ST$^{\text{Spiritual Technology}}$라는 개념이 엘리트 층위에서 회자되고 만들어지고 있습니다. 이른바 스피릿처 테크놀로지, 영감을 담은 창조적 미래를 열 수 있는 테크놀로지라 명명되고 있는 이러한 개념은 미래 인생들이 주도적으로 선택해줄 플랫폼에 대한 영감과 창의성, 창조성을 담아 선도하자는 취지를 담고 있습니다. 즉, 지금 인류는 지성을 적층시켜, 미래까지 알고 선도하며 영향을 줄 수 있는 지성체계를 열기 원하는 야망까지 드러내는 전조에 서 있는 것입니다.

구글의 알파고, 인공지능^{AI}을 통한 신적 지성과 생명의 연장.
– 영원한 생명을 향한 야심

앞서 서두에 언급했던 것과 같이 이세돌과 구글 인공지능^{AI} 프로그램, 알파고의 대결이 한국에서 이루어졌습니다. 이는 세계적으로 주목을 받은 이벤트였으며 결과는 4대1로 인공지능^{AI}인 알파고의 완승이었습니다. 구글은 이 인공지능^{AI} 사업을 미래 핵심 산업으로 추진하고 있는바, 단순히 게임이나 엔터테인먼트 혹은 자사의 기술을 홍보하기 위해 이번 이벤트를 연 것이 아닙니다.

구글이 지향하는 인공지능^{AI}의 미래는 인간 자체의 업그레이드와 업데이트입니다. 인간의 정신은 그들이 즐겨 사용하는 컴퓨터식 개념으로 보면, 일종에 운영체계이고 소프트웨어인데, 근대 지성 엘리트들이 인간 정신성의 요체로 신봉하는 인간 지성을 업데이트함으로써 인간 자체를 업그레이드하겠다는 것입니다.

주지하다시피, 이번 바둑 게임을 통해 어떤 면에서는 인공지능^AI이, 복잡한 알고리즘을 예측할 수 있는 인간 지성의 고유 능력보다 뛰어날 수 있음을 보여줬습니다. 다시말해, 이번 이벤트를 통해 구글은 인간 지성에 일부 영역보다 뛰어난 인공지능^AI 지성의 우월성을 입증하고, 향후 이 인공지능^AI 지성을 인간에게 수혈시킬 미래 산업의 길을 타진하길 원하고 있습니다.

또한, 인간을 초월한 지성은 과연 신적 지성밖에 없는데, 일부 영역에서나마 인간 지성을 압도하는 능력을 보여준 인공 지능 소프트웨어를 디바이스, 스마트워치, 글래스, 렌즈 등을 통해 인간 뇌와 지성 기능에 연동시킬 방법을 찾는다면, 인간은 스스로의 지성을 초월하는 업그레이드된 인간 이상의 존재가 될 수 있다는 IT 엘리트 군의 다소 철학적 명제에 대해서도 접근해 보길 원하는 것입니다.

이론적으로는, 앞으로 인체와 더욱더 직접적으로 인공지능^{AI}이 연동될 기술만 찾아낸다면, 지속적 인공지능^{AI} 업데이트를 통해 인간 지성이 무궁무진하게 업그레이드될 가능성을 열 수 있게 되는 셈이지요.

또한, 구글은 인간의 소프트웨어, 지성의 업그레이드만을 염두에 두고 있는 것이 아니라 인간의 하드웨어인 육체까지도 업그레이드할 수 있다고 전망하고 있습니다. 구글은 인간의 소프트웨어인 지성을 업그레이드할 가능성은 찾아냈지만, 인간의 육체가 연약하여 낡고 병들고 죽어가는 것을 피할 방법이 없었습니다. 그래서 또한 구글은 육체를 놓고 영생에 버금가는 생명 연장 기술에 도전하길 원합니다. 인간의 육체를 컴퓨터와 같이 하드웨어 측면에서 기능적으로 보고, 기능적인 차원에서 업그레이드 가능성을 찾는 것입니다. 예컨대 만약 심장이 낡고 병들어 수명이 다한다면, 심장의 기능이 펌프작용을 통해 혈류를 온몸에 나르는 기능인바, 낡고 병든 심장 대신 나노 로봇으로 심장 기능을 대리시켜 혈류를 나르게 함으로써 혈액이 흐르지 못해 죽게 되는 심장이상 기능을 업데이트 받게 한다는 것입니다. 이런 식으로 낡아가는 인체 기능, 즉 신체 기관과 장기 등이 업그레이드와 업데이트를 거친다면 곧 인간은 100년 살 것을 200년도 살고, 500년도 살며, 1,000년도 사는 존재가 될 수 있을 것이라 주장하고 있습니다. 그들은 이를 확률적 수치와 과학적인 기능적 사고로 설명하고자 합니다. 다시 말해, 병들고 낡아서 인간을 죽게 하는 인체의 기관을 하나씩 업데이트해, 그 기능을 대리할 메카닉으로 업그레이드하다 보면 질병과 사망확률을 줄이게 되고 지금보다 수명이 현격히 연장되는 것은 당연한 메커니즘이라는 것이지요.

다만 이를 가능케 할 인간 과학 기술력이 문제인데, 지금까지 인간 과학기술이 축적된 역사를 보면, 인류의 기술 진보 증가세 추이는 처음에 완만히 오르다가, 이후 어느정도 누적되면 폭발적으로 가속력이 붙고 이내 기하급수적으로 쌓여 기술 진보 증가가 결국 폭등해왔다는 것입니다. 그래서 과학 기술의 진행 방향을 이대로 예측해보면, 인간 자체의 한계를 깰 지성과 과학기술이 등장할 시점, 이른바 특이점 Singularity 9, 초월점이 멀지 않았다고 예견하는 것입니다. 이처럼 과학적 사고를 기저로 두는 IT 계통 엘리트들의 판단 방식이 생명 연장과 영생을 꿈꾸는 신적, 종교적 패러다임의 추구와 근접했다는 것은 참으로 아이러니 한 일입니다.

---

9 **특이점(Singularity).** 인공지능(AI)이 비약적으로 발전해 인간의 지능을 뛰어넘는 기점을 말한다. 이에 대해 가장 구체적인 전망을 한 사람은 미국 컴퓨터 과학자이자 알파고를 개발한 구글의 기술부문 이사인 레이먼드 커즈와일이다. 2005년 저서 《특이점이 온다》를 통해 2045년이면 인공지능이 모든 인간의 지능을 합친 것보다 강력할 것으로 예측하면서 인공지능에 대한 우려를 나타냈다. 즉 2045년이 되면 인공지능이 만들어낸 연구 결과를 인간이 이해하지 못하게 되며 이는 인간이 인공지능을 통제할 수 없는 지점이 올 수 도 있는데 그 지점이 바로 특이점인 것이다.

구글 번역기, 바벨탑 사건의 종식을 도전함

인간의 복잡한 지성 체계의 능력 중에서도 가장 복잡하여, 인간만이 갖춘 독보적인 능력 중 하나는 음운구조와 자음, 모음을 연결해 구체적인 의미를 담은 소리를 만들어내고, 이를 기록하여 글자를 만드는 등의 언어 기능으로 소통한다는 점입니다. 그러나 이러한 인간의 언어 능력 가운데에도 한계와 장애가 있으니, 민족별로 언어가 달라 소통하는데에 있어 장벽이 있다는 사실입니다. 동질 언어 집단 외에 타 언어 집단간 소통이 어렵다는 문제는 고대로부터 지금까지 겨우 언어 간의 1대1 통역을 통해 단속적이고 부분적으로만 극복할 수 있었을 뿐입니다. 성경적 배경으로 보면 방언어의 발생 기원은 바벨탑을 쌓은 인류에 대한 징계로 하나님께서 민족들의 언어를 직접 나누어 타락의 양상을 범세계적으로 결집시키지 못하게 한 사건 때문이었습니다.

구글은 이러한 성경을 인용하면서 바벨탑 사건으로 나타난 언어 간의 장벽을 완전히 뛰어넘겠다는 야심만만한 계획을 수립, 발표하고 있습니다. 그에 따라 구글의 미래 핵심 사업 중 한 분야는 방언의 종식을 위한, 구글 통역 기능의 완성입니다. 구글은 이미 영어와 세계 언어 간에 실시간 번역 작업을 가능케 하는 알고리즘을 구현했습니다. 그들은 이 세상 모든 언어(총 2만 4천여 개 민족 가운데 포괄 언어 갈래가 약 8,000여 개 라고 상정한다면)가운데 각 언어들끼리 완벽한 수준의 의미를 전달할 만큼, 1대1 대응 관계의 모든 통역 서비스를 2030년까지 가능케 하는 것을 미래 핵심 사업 중 하나로 삼고 있습니다.

구글 측은, 국가 통상 교역 간 통역 소모비용과 나라, 민족 사이에서 문화, 종교, 언어 차이로 일어나는 분쟁 등을 고려한다면 인류를 위해 모든 언어 간의 차이를 해소하고 실시간으로 다양한 민족 간에 의사소통을 가능케 하는 것이야말로 인류 사회를 위한 강력한 진보라고 말합니다.

　한편, 성경이 말하고 있는 바벨탑 사건의 종식은 인간의 지성능력으로 가져올 수 있는 것이 아니라 결국 희생의 복음이 온 세상에 전파되었을 때야 가능한 것입니다(다행히도 불과 몇 년 전만 해도 성경이 모든 민족의 언어로 다 번역되자면 100년이 족히 걸리리라 예측해왔는데, 기독교 내의 활발한 협력과 네트워킹을 통해 2020년경이면 모든 민족의 언어로 성경 번역의 기초 작업을 끝낼 수 있다는 도전이 세계선교지도자들을 주축으로 선포되고 있습니다).

　만약 주님이 오시기 전에 언어 장벽이 완전히 해결되어 모든 언어가 동조화되거나 동화되는 일이 있을 수 있을까요? 민족Ethnic group의 갈래는 언어로 구분됩니다. 만약 언어와 방언이 이 땅에 존재하지 않게 된다면, 구분된 민족이 없어지게 되니 모든 민족의 언어로 복음을 전할 필요도 없어지게 되는 것입니다. 따라서, 인간 지성으로 언어의 통합을 이루기 전에 주님은 오실 것입니다. 그렇기에 앞으로 번역과 통역 기능이 언어의 단일 동조화를 완전히 가져오지는 못하겠지만, 만약 모든 민족의 언어로 용서와 화해의 소식인 복음이 전해져 모든 족속이 주님께 돌아오기도 전에 먼저 인간의 지성 능력으로 모든 방언이 서로 통역되고 소통 장벽이 없어지는 세계가 추진되고 있다는 것은 세계 모든 언어, 민족별로 복음전파 해야 할 그리스도인으로서 책무를 돌아보게 합니다. 또한, 이는 바벨탑 사건 이후 인류가 하나님의 복음으로 하나 되게 하시려는 하나님의 능력을 무시한 채, 인류끼리 언어와 소통, 마음을 하나 되게 할 수 있는 일이라 신에 대한 또 다른 인류의 도전이자 아성이 되지 않을까 하는 경각심을 가져야 합니다.

공간의 IT 지식화, 전 지구적 공간의 지식 데이터화

구글의 창업자 세르게이 브린[10]과 래리 페이지[11] 등은 구글 창업 초반 IT계 선배들에게 당찬 포부를 밝힌 적이 있습니다. 전 지구 내에 모든 공간을 입체적 사진과 지도로 데이터화하겠다고 공언한 것입니다. 물론 당시 업계의 선배들조차 이런 대학생 청년들의 포부를 현실성 없는 우스운 소리로 치부했습니다. 그러나 놀랍게도 이 청년들의 포부는 단 10여 년 만에 현실화되어, 지금 우리는 세계 어떤 공간이든 구글의 지도를 통해 시각화한 형태로 볼 수 있게 되었습니다. 지식의 폭주로 이루어진 인터넷이 이제는 세계 모든 공간을 지식 데이터화하는 지경에 이른 것입니다.

10 **세르게이 브린.** 세르게이 미하일로비치 브린은 러시아 출신의 미국 시민권자 기업인으로서 래리 페이지와 함께 구글을 창립했다.
11 **래리 페이지.** 미국의 비즈니스 거물이자 세르게이 브린과 함께 구글의 공동 창업자인 컴퓨터 과학자이다. 2011년 4월 4일에 에릭 슈미트의 뒤를 이어 구글의 최고경영자 자리를 맡았다. 페이지는 구글의 검색 랭킹 알고리즘의 기초인 페이지랭크의 창안자이다.

유비크[12], 무소부재의 신 여호와에 대한 구글의 도전
– 세계 공간의 지성 지배, 데이터화

바야흐로 시공간에 제한이 없는 분은 기독교적 가치로 신 God 한 분밖에는 없습니다. 여호와처럼 무소부재한 권능을 지녀 모든 공간 어디에서나 계시는 초월적 개념은 아니겠지만, 전 지구 상에 모든 공간을 지식데이터화했다는 것만으로도 구글은 국가 권력, 경제 권력을 상회하는 IT 권력이 됩니다. 만약 어떤 다국적 기업이 자신들의 프랜차이즈 소재지가 구글 지도상에 표기되지 않는다면 재벌기업이라 하더라도 타격을 입습니다. 왜냐하면 이제 전 세계 대부분의 사람들이 오프라인에서 지도와 약도를 보고 위치를 찾는 것이 아니라, 온라인 선상에 구글 지도와 같은 범용성이 강해진 모바일 맵을 즐겨 사용하기 때문에 구글 지도에 표기가 누락되었다는 것은 상업적 범용성에서 소외되었다는 의미를 가집니다. 따라서 기

12 **유비크(Ubique).** '언제 어디서나 존재한다'는 뜻의 라틴어.

업들은 어떤 노력을 해서라도 구글 지도와 같은 범용적인 모바일 맵에 자신들의 상업시설에 대한 위치와 정보들을 노출시키려 합니다.

또, 국가들조차 국경 분쟁에 있어 구글 지도나 애플 지도에 신경을 쓰고, 구글과 같은 기업들이 정한 표준이 국가 권력에 상회하는 조정 능력을 갖출 수 있다는 사실을 인정할 수밖에 없습니다. 지도데이터에 있어 구글 보다는 후발주자의 길을 가고 있는 애플이 독도 근처의 동해를 일본해로 표기하면서, 엄청난 민원의 폭주를 받은 대한민국 정부가 애플에 조정을 요청했던 사건이 있었습니다. 남중국해 분쟁과 같이 국경 분쟁 와중에 2개 이상의 국가가 서로 영유권을 주장하는 지역에 대한 구글 지도 표기는 세계적 공인으로 작동할 수도 있습니다. 왜냐하면, 세계 인구의 대부분이 구글 지도를 마치 기준으로 인정하는 것처럼 범용적으로 사용하고 있기 때문입니다.

인공지능^AI의 초월점을 통해 생명의 시간까지 연장하려는 구글이, 전 지구적 공간을 초월해서 데이터로 지식을 지배하겠다는 양상은, 물론 의도한 것은 아니겠지만, 이는 신적 존재에 대한 추구와 모방으로 보여집니다. 왜냐하면, 시공간을 무소부재하게 초월할 수 있는 분은 신밖에 없는데 구글이 시공간의 초월을 주제로, 이를 핵심 사업화하여 진행하고 있기 때문입니다.

결론: 인류, 지식나무 근처에서 방황하다

성경에 보면 인류가 에덴동산에서 선악과 즉, 지식나무를 따 먹고 타락해서 스스로는 구원받을 수 없는 존재로 떨어졌음을 기술합니다. 한글 번역본과는 다르게 세계의 성경 번역본들은 '선악을 알게 하는 나무'가 아닌 '지식나무'로 직역하고 있습니다. 한국어 번역은 지식을 형용사형인 '알게'로 의역했는데, 영역본뿐만 아니라 다른 언어권의 대부분의 번역본은 '지식'이라는 명사형을 직역해서 씁니다. 그래서 이것이 지식나무라고 쉽게 알아볼 수 있습니다. 한글 역만 형용사형으로 '지식'을 '알게'로 번역하였고, 회자될 때는 그나마도 축약하여 '알게'라는 단어를 빼고 '선악과나무'로 번역하니 지식나무라는 원래 의미와는 멀게 느껴집니다. 원래 지식나무를 따 먹고 타락했다는 의미가 원어적 통사구조와 표현에 훨씬 가깝습니다.

지식나무를 따먹고 신을 떠나 방황하게 된 인류에 대한 성경적 묘사는, 전 인류 역사의 방향까지 읽고 있는 듯해 소름돋을 정도로 그 통찰력이 정교하다는 느낌이 듭니다. 왜냐하면, 앞서 정리해 서술한 대로 인류의 역사는 지성의 종류 즉, 카테고리만 바뀌었지 항상 지식나무에서 서성이며 인류의 길을 모색한 지성주의의 역사나 다름없기 때문입니다.

고대에는 무당들과 박수 등을 통한 미개한 영적 지식으로 불안정한 미래와 자연환경으로부터 구원을 받으려 했다면, 중세에는 고대 영매와 무당들에게 속아온 인류가 미개한 영적 지식을 퇴출하고 체계적 종교지식 즉, 형식과 경전 그리고 내용을 갖춘 종교성에 미래를 맡기려 합니다. 그러나 근대에는 종교 지식이 인류에게 구원을 주지 못한다며 퇴출하였고, 인간은 영적·종교적 지식에서 완전히 떠나 도리어 인간에 의한 합리적 지식에게서 사회방향과 미래를 안정화하려 했습니다.

그리고 이러한 근대에 합리적 지성은 효율성을 강조했으며 이것을 이어받아 진보시켰다 믿는 현대에는 효율성을 넘어 실용성까지 시대성에 무분별하게 적용시키고 있습니다. 즉, 오늘날에는 실용성에 기반을 두어 세계를 희생시키고 있는 탐욕적 경제 권력과 실용 IT 계통의 지성이 인류의 미래를 책임질 것처럼 말하고 있습니다. 하지만 결단코 이것은 인류가 믿는 대로 진보와 개선이 이루어 질 수 없으며 개악되지나 않으면 다행인 것입니다.

    종교 지성보다, 또 사회의 합리적 합의에 따른 합리적 지성보다 더 개악한 것은 축적 의지 정신성에 따르는 경제 권력과 경제 지성 입니다. 이것은 그 힘이 비대해질수록 공공선이 없는 축적과 탐욕을 추구할 뿐이어서 사회에 불균형을 초래하고 붕괴시킵니다. 이러한 축적 의지에서 미래를 찾고 있는 오늘날, 초현대의 미래가 안정화될까요?

    또, IT계 지성 엘리트를 중심으로 한 미래 핵심 산업들이 과연 인류를 구원할 수 있을까요? 언어 장벽을 파괴하고 동합할 수 있을까요? 공간을 신처럼 초월할 수 있을까요? 그리고 그들이 항구적 수명 연장에 도전하고 영생에 버금가는 인류를 창조해낼까요? 그들이 실용지식을 적층시키면서 영원이니 생명이니하는 종교적 질문 자체를 던지는 것으로도 그들 지성 체계의 한계와 환멸, 모순을 보여주고 있는 것은 아닐까요?

    우리는 선악과 즉, 지식나무를 따먹은 인류가 에덴동산에서 축출되었지만, 다시 지식나무곁에서 서성이며 여전히 답을 찾지 못하는 인류 역사의 한계를 인정하고 예수 그리스도로 영생을 열어주신 신의 지혜 앞에 다시 부복해야 합니다.

인류의 지식나무, 인류의 지성주의는 역사의 구간마다 그 카테고리만을 바꾸어 인류를 구원하고 유토피아로 인도할 것처럼 말해왔지만 언제나 실패해 왔기 때문입니다.

창세기 2:17 "선악을 알게하는 나무 지식나무, Tree of Knowledge 의 실과는 먹지 말라 네가 먹는 날에는 정녕 죽으리라 하시니라."

대학 지식의 대중화와 실용화 그리고 진리

5

소르본느 지성인들의 투쟁

몇 년 전 세계 지성 요람 중에 하나인 소르본느 대학에서 재학생들이 극단적 학무 거부에 돌입하며, 졸업장, 성적증명서를 불태우고 격한 시위를 이어간 일이 있었습니다. 자국내 2년제 고용법이 보편적으로 적용되도록 하는 법령이 통과되었기 때문입니다. 이에 따라서 본인들의 엘리트 지성이 몇 년만 쓰이고 버려질 수 있는, 실용지식으로 취급되어지는 도전 앞에 학위의 등급 및 품위 손상과 엘리트 지성으로서의 프라이드가 붕괴될 것에 대한 우려를 담아 저항 의식을 시위로 표출할 수 있었겠지만, 지성의 양심을 추구했던 그들은 시위 의도 자체가 남달랐습니다.

지성, 실용지식화의 위협과 도전

우선적으로, 소르본느 대학 지성인들의 시위는 본인들 미래에 대한 안정의 보장과 엘리트 집단 사회의 기득권을 주장하기 위한 행동이 전혀 아니었습니다. 소르본느 학생들은 지성인으로서 인간을 쓰고 버릴 수 있는 2년제 고용법이 상시화되는 사회에 자신들의 지성을 헌신하고 투여하느니 차라리 학위를 포기해서라도 불합리한 세상에 저항하겠다고 선언하고 시위를 한 것이었습니다. 그러나 대학 지성의 나아가야 할 방향을 고민하는 지성 엘리트들의 이러한 양심적인 저항에 단면에도 불구하고, 학문지성의 위기라는 세계적인 추세를 돌리기는 어려운 모양새입니다. 세계 대학들은 계속해서 대학지성의 실용 지식화, 대중화, 상업화의 요구에 굴복해 가고 있습니다.

이러한 세계적 추세 속에 한국 역시, 상아탑의 고고함을 소중히 여기던 아카데미 지성들조차, 대학 지식의 실용화, 대중화, 상업화의 요구와 도전 앞에 어찌해야할지 뚜렷한 대응 기조를 세우지 못한 채, 다만 끌려가는 모양새입니다. 학교 존립을 좌지우지할 수 있는 재정건전성 확보와 정부 가이드라인을 지키기 위해, 당장 기업들이 쓸 수 있는 실용 지식에 최적화된 인적 자원을 배출하느라 학문적 본래 목적과의 괴리를 회의할 겨를도 없어 보입니다(이제는 기업만이 아니라 대학조차 구조조정의 대상이기 때문에 이러한 실용지식에 합목적적인 인적 자원을 배출하지 못하면 정부로부터 대학구조재편과 구조조정, 심지어 퇴출까지 권고 받을 수 있는 상황입니다)

대학 지성의 대중화

대학 지성에 대한 시대의 도전은 실용지식화만이 아닙니다. 또 한편의 도전은 대학 지성이 특수 연구 지식으로 계속 상아탑의 고고함만을 지키고 있을 수 없다는데 있습니다. 지식정보화 사회 구축으로 인해 연구 지성이 지식 보편 보급 요구에 굴복하여 대중 지식화 될 수 밖에 없는 추세인 것이지요. 무크[1] 등의 플랫폼 구축을 통해 대학 강의가 온라인상에서 어디서든 누구나 접속할 수 있는 시대로 진입하고 있습니다. 따라서 존립마저 위협받는 대학교들이 생겨날 수 있으며 대학 교수나 총장조차 테뉴어[2]같은 종신 정년이 보장되지 못하는 단기적 기능직으로 전락할 위기에 있습니다. '한번 스승은 영원한 스승이다'라는 옛말이 그야말로 옛말이 되는 세상이 도래한 것입니다.

이러한 시대적 추세에 맞추어 국내 대학들도 대학 존망을 건 시스템 개조에 돌입하고 있습니다. 인문학·사회과학 등 근

[1] **무크(Massive Open Online Course).** 수강자 수의 제한이 없는 대규모 강의(Massive)로, 별도의 강의료 없이(Open) 인터넷(Online)으로 제공되는 교육 과정(Course)을 뜻한다. 웹을 통한 수강생의 무제한 참여와 개방을 목표로 하고 있다. 2012년 미국에서 시작됐으며, 이후 영국·프랑스·독일·중국 등으로 확산됐다. 무크는 세계적 석학들의 강좌를 무료로 접할 수 있는 것은 물론 SNS를 통해 질의응답, 과제, 토론 등 양방향(Interactive) 학습을 할 수 있는 장점이 있다.

[2] **테뉴어.** 대학에서 교수 연구성과에 대한 평가·심사를 통해 교수의 자율성과 정년을 보장해 주는 교수 승진·정년 보장제도이다. 테뉴어 교수직은 독일에서 생겨나 미국으로 건너온 전통으로, 정년을 보장해 줌으로써 교수들이 외부의 압력 또는 해고의 위협을 받지 않고 자유롭고 양심적으로 학문활동을 할 수 있게 고안된 것이다.

대학문의 정점에 있었던, 전통적 학문 분야가 학과 통폐합을 통해 축소, 퇴출되고 기능적, 실용적 정보를 담은 학과들이 학문적 축적과 전통적 학문 뿌리와 갈래를 초월하여 무분별하게 만들어졌습니다.

대학 지성의 경제시장화, 등급으로써 경쟁 지성인의 실패

또한 최근 종합대학 내 재정건전성과 정부 지원금 유치 등을 위해 일어나고 있는 평생 교육을 염두에 둔 기능적 단과대 설립은 학문적 목적에 따른 고려라기보다는 다분히 수요 공급 법칙에 의한 경제 논리를 따르고 있습니다. 이 와중에 일어난 학생들의 시위와 항의가 점거와 총장퇴출까지 요구하는 지경에 이른 곳도 있습니다. 물론 학위의 상업화, 학내 집단 간에 소통절차 부재와 공권력의 개입 등의 문제는 사회적 문제로 제기되고 불거질 여지가 충분합니다. 그러나 이러한 시위가 학교의 브랜드 가치와 엘리트 자신의 사회 등급을 보장받기 위한 투쟁이라면 소르본느 대학에 지성인의 투쟁과 그 양상이 매우 달라 씁쓸하고 안타깝기 그지없습니다. 사회를 위해 어떻게 기여할 수 있는가가 지성인의 소양과 가치라면, 지성 집단 스스로의 사회적 디그리와 등급만을 지키겠다고 님비[3]집단처럼 쏟아져 나와 점거와 시위를 하는 모습은 역설적으로 경쟁 교육과 엘리트 지성의 실패를 보는 듯합니다.

세계 지성의 삼중실패

근대 이후, 세계 지성은 근대 합리성의 명령에 따라 체계와 시스템을 갖춰 인류와 세계에 기여를 해왔다고 자부해왔습니다. 이것은 지성의 양심이자 마지막 보루와 같은 자부심이었지만 현대 합리성과 효율성을 넘어 실용성을 강제 받고 상업성과 대중화의 삼중 도전을 받는 지금 인류 지성과 지식이 완전

---

[3] **님비.** 님비(NIMBY)현상은 '내 뒷마당에서는 안 된다(Not In My Backyard)'는 영어의 약자로 위험시설, 혐오시설 등이 자신들이 살고 있는 지역에 들어서는 것을 강력하게 반대하는 시민들의 행동을 말한다.

히 항복해 가히 가야 할 바를 잃고 좌초해버린 것 같습니다.

디모데후서 3:7 "항상 배우나 마침내 진리의 지식에 이를 수 없느니라."

IS 등장과 현대 이슬람 극단주의의 흐름

6

개요

현대 이슬람 극단주의의 흐름을 거시적으로 진단해보면 상징적인 인물과 체제를 중심으로 간단하게 그 맥을 진단할 수 있습니다.

우선 이집트의 무슬림 형제단부터 시작해 대부분의 현대 이슬람 극단주의 단체에 사상적 기초와 영감을 불어넣었던 사이드 쿠틉이 현대 이슬람 글로벌 지하드에 이념적 토대를 제공했다고 볼 수 있습니다.

이후 오사마 빈라덴은 자와히리 같은 극단주의에 경도된 학자를 통해 무슬림 형제단의 사상적 배경이 된 쿠틉의 극단주의 종교 이데올로기에 대한 교육을 받았습니다. 이후 빈 라덴은 글로벌 지하드에 실천적 신호탄이 되는 9.11을 계획하고 모의하여 성공시킴으로써 이슬람 극단주의 운동가의 전 세계적 리더로 자리매김합니다. 이는 곧 국제 사회와 이슬람 지역 사회 내에서 동시적으로 이슬람 글로벌 지하드 투쟁을 본격화하고, 현대 이슬람 극단주의에 본격적인 전 지구적 운동기를 가셔오게 합니다.

또한, 오사마 빈라덴 사후 2인자였던 자와히리가 알카에다[1] 조직을 추스르지만, 이미 실천적 행동과 운동으로써 이슬람 극단주의자 사이에 자리 잡은 글로벌 지하드의 역동성 앞에, 자와히리의 학자적 면모는 행동이나 투쟁보다 단지 종교적 극단에 도그마[2]만을 선포하는 듯한 양상으로 나타났습니다. 그리고 이는 더욱 극단적인 체제 이행 양상을 천명하는 과격 행동파, 투쟁파 IS[3]에 이슬람 글로벌 지하드의 헤게모니[4]와 주도

1　　**알카에다.** 미국에서 발생한 9.11테러 배후세력으로 지목된 오사마 빈 라덴이 조직한 테러조직.

2　　**도그마.** 교의, 교조, 교리로 해석되고 있는데, 일반적으로 비이성적이고 맹목적으로 신봉되고 주장되는 명제나, 구체적 조건을 고려하지 않고 고정적으로 주장되는 명제를 도그마라고 한다.

3　　**IS.** 이슬람 수니파 무장단체로, 2006년에 결성됐고 아부 바크르 알바그다디를 지도자로 하며 조직원은 8,000–2만여명으로 추산된다. 이전의 이슬람 테러 단체와는 달리 풍부한 인력(Men), 자금력(Money), 군수품(Munitions)의 "3M"을 모두 갖춘 것으로 평가된다. 약탈 경제를 기반으로 하며 실업률이 높은 유럽 국가의 이슬람 이민자 가정 자녀가 많은 편이다.

4　　**헤게모니.** 가장 통상적인 의미에서 한 집단·국가·문화가 다른 집단·국가·문화를 지배하는 것을 이르는 말이다. 사전적인 의미는 한 나라의 연맹제국에 대한 지배권, 맹주권, 패권(霸權)을 말한다. 20세기가 시작된 이래 특히 미국과 같은 초강대국의 활동과 관련하여 이 용어는 정치적 지배라는 함의(含意)를 지니게 되었다.

권을 빼앗기게 하는 결과를 초래했습니다. 이로써 IS는 이슬람 칼리프체제 복원을 천명, 이슬람극단주의 운동기를 체제이식기로 전환하는 촉매역할을 하고있습니다.

사상가, 사이드 쿠틉[5] – 근·현대 이슬람 극단주의 사상가

이집트에서 태어난 사이드 쿠틉은 미국으로 유학을 떠납니다. 똑똑하고 예리한 지성을 지닌 사이드 쿠틉은 미국 유학시절, 개인주의적인 서구인들의 행태에 심각한 소외감과 외로움을 느끼고, 자존심에 상처를 받습니다. 이윽고 쿠틉은 서구사회의 약점을 일제히 경험적 토대로 분석하고, 세계 시스템에 있어 서구 기독 세력의 타락이 악의 근원이라 규정하기에 이릅니다. 거룩한 이슬람 문명권에서 온 중동인 쿠틉의 눈으로 보면, 거룩한 알라의 명령을 지키고자 율법의 일점일획

---

[5] **사이드 쿠틉(Sayyid Qutb).** 그는 이슬람 극단주의 이론과 행동철학을 다듬고 체계화하여 이슬람 극단주의 운동의 새로운 이정표를 제시한 '이슬람 이데올로기화'와 '이슬람 혁명'이론의 주창자이다. 오늘날 이집트를 비롯한 무슬림 세계 전역에서 일어나고 있는 이슬람 극단주의 운동에 있어 가장 영향력 있는 인물로 평가 받고 있다.

까지 지키려 노력하는 거룩한 무슬림들이 타락한 서구 문명에 지배받거나 지배 주도권을 내어주는 것은 역사적 정당성이 없어보였습니다.

다시말해, 쿠틉이 경험한 서구는 물질과 섹스, 쾌락과 향락으로 타락한 곳이었고, 거룩한 이슬람 중동 문명을 지배하고 무슬림을 모욕하는 이러한 서구는 정당성이 없는 주도 권력일 뿐이었습니다. 세계 1, 2차 대전 이후 대 중동 문명에 대해 완전히 주도 권력을 확보한 서구 문명은 거룩한 율법을 지키는 중동 무슬림들을 하인과 정원사, 집사 등으로 부려왔습니다. 그러나 무슬림에게 보여준 서구인들의 삶의 태도는 유흥과 마약 등에 찌들고 섹스와 향락에 빠진, 더러운 물질로 인격을 마음대로 부리는 타락한 양상일 뿐이었습니다.

쿠틉은 결국 이슬람의 지하드[6] 개념을 확장하여 단순히 이

---

6   **지하드**. 이슬람교 전파를 위해 벌여야 하는 이교도와의 전쟁을 뜻하는 말로, 이슬람교도에게 부과된 종교적 의무이다. 아랍어로 '성전'을 의미한다. 지하드의 의무수행을 마음에 의한 것, 펜에 의한 것, 지배에 의한 것, 칼에 의한 것의 4가지로 구분하고 있지만 지하드가 폭력, 선동의 이미지를 갖게 된 것은 급진적 무장조직이 자신들의 테러 활동을 알라신의 계시를 구현하는 방법으로 대중 선동하기 위해서 사용하였고, 서구 역시 이슬람을 자신들의 문명사회에 대한 도전으로 정치 도구화하여 사용한 결과이다.

슬람 통치로써의 지하드가 아니라 투쟁으로써의 지하드개념을 적극 활용하면서, 이슬람을 오염시키고 있는 악의 근원인 타락한 서구 문명 세계의 축출과 저항을 천명하였습니다. 이로써 쿠틉은 이슬람 지역 내부에 국한되었던 지하드 개념을 국제화하는 사상적 단초를 제공하였습니다. 쿠틉에 강력한 영향을 받아 세워진 이집트의 무슬림 형제단[7]은 현재 무력 강경 투쟁 노선을 온건 노선으로 선회하긴 했지만 현존하는 대부분의 이슬람 극단주의 테러 단체의 실제적인 정신적 모태가 되어왔습니다.

운동가, 오사마 빈 라덴 – 이슬람 극단주의 운동가, 로컬 지하드에서 글로벌 지하드로의 실천적 전환

7 **무슬림 형제단.** 500만~1000만 명에 이르는 회원 수를 가진 세계 최대·최고(最高)의 이슬람주의 단체로 이집트의 이슬람학자이자 사회운동가인 하산 알-반나(Hasan al-banna)가 영국 식민통치시기인 1928년 '진정한 이슬람 가치의 구현과 확산'을 목표로 수에즈의 이스마일리아에서 설립한 이슬람 근본주의 조직이다. 전 세계에서 가장 오래되고 규모가 큰 이슬람 운동 조직으로 알려져 있다.

9.11[8]사태를 일으킨 오사마 빈 라덴은 이슬람 지역에 머물렀던 지하드의 방향을 글로벌 지하드로 선회시킨 운동가라는 점에서 현대 이슬람 극단주의 운동의 상징적 인물이라는 것은 주지의 사실입니다. 쿠틉의 사상을 수혈받은 빈 라덴은 이슬람을 타락시키고 오염시킨 체제가 미국을 비롯한 서구체제임을 분명히 하며, 로컬 지하드 운동으로는 극단주의가 신봉하는 무함마드 시절의 이슬람 원형을 찾기 어렵다고 판단합니다. 종교적이고 지역적인 지하드가 아니라, 이슬람 체제를 오염시키고 지배한 서구의 체제를 이슬람에서 영구 축출하기 위해 지하디스트[9]들 표현에 의하면 '악의 머리인 미국의 본토를 공격해야 한다'는 선언과 실천을 감행한 것입니다.

따라서 쿠틉의 이슬람 극단주의, 지하드 사상체계를 본격적으로 글로벌 운동기로 이끈 인물이 오사마 빈라덴이라고 봐야 합니다. 그는 이슬람 지역에 머물렀던 로컬 지하드 흐름을

---

8 **9.11 사태.** 2001년 9월 11일 발생한 미국 뉴욕의 110층 세계무역센터(WTC) 쌍둥이 빌딩과 워싱턴의 국방부 건물에 대한 항공기 동시 다발 자살테러 사건.

9 **지하디스트.** 이슬람극단주의 무장 투쟁 운동가이다.

9.11 사태로 단번에 글로벌 지하드 운동으로 바꾼 인물입니다. 종교 이맘들에게 지하드라는 개념은 무슬림들이 알라의 뜻에 복종해야 할 종교적 계율이었고, 근대 극단적 지하디스트들에게도 지하드는 이슬람 지역 내에서 혹은 그 경계 어간에서 이루어지는 지역적 무력 투쟁이었습니다. 그러나 오사마 빈라덴은 지하디스트들의 극단주의 운동력을 단순히 이슬람 지역 경계 어간에서가 아닌 글로벌 지하드로 전환한 국제적 운동력을 추동한 인물로서, 글로벌 지하드의 국제 지도력, 상징적 아이콘이 되었습니다.

체제 이식으로의 IS – 이슬람 칼리프 제국의 복원, 극단주의 체제 이식 시도

이슬람 칼리프 체제의 복원을 천명하는 IS에는 영웅적 인물이나 그 이름이 부각되지 않습니다. 왜냐하면, 행동가나 운동가의 활동을 넘어 IS는 체제 이식을 꿈꾸고 있기 때문입니다.

자연스럽게 인물보다는 이슬람 국가라는 체제에 더욱 역점을 두고 있습니다. 무함마드와 그 후계 체제였던 칼리프 체제[10]의 이슬람 확장기 역사만이 이슬람 극단주의자가 인정하는 오염되지 않은 원형의 이슬람입니다. 칼리프 체제가 종식되고, 혈통적 세습으로 통치되던 이슬람 왕조체제는 이미 원형의 이슬람이 아니라는 것입니다.

따라서 IS를 비롯한 지하디스트들은 이슬람 체제의 원형Prototype인 이슬람 칼리프 체제의 복구와 복원만이 세상을 향한 답이 될 수 있다고 믿습니다. 지하디스트들에 따르면 무함마드와 칼리프들을 통해 알라가 나타낸 이슬람 통치 원형으로서의 제정일치 이슬람 제국은 혈통적 세습체계가 아니었습니다. 이슬람 체계의 원형은 영적 지도력에 따른 영도체계로 권력이 이양되던 칼리프 체계였습니다. 지하디스트들은 코란[11]과

---

10 **칼리프체제.** 이슬람 제국의 주권자의 칭호. 아랍어로는 칼리파(Khalīfah)라고 하며, 본래는 '칼리파트 라술 알라(Khalīfat rasul Allah)'로 그 사전적 의미는 '신의 사도의 대리인'이다. 칼리프는 예언자 무함마드의 뒤를 이어 이슬람 교리의 순수성과 간결성을 유지하고, 종교를 수호하며, 동시에 이슬람 공동체를 통치하는 모든 일을 관장하는 이슬람 제국의 최고 통치자를 가리킨다.

순나[2] 즉, 알라의 샤리아법은 오직 이 원형에 칼리프 체제만을 인정한다고 믿습니다. 심지어 그들은 서구 체제는 물론 혈통적 세습의 왕조 이슬람 국가들도 변형된 체계라 여겨 배격합니다. 따라서 알라의 샤리아 법이 명령한 이 칼리프 체제를 복원하는 것이야말로 알라의 법에 복종하지 않는 세계의 타락과 오염을 바로잡을 유일한 방법이라는 것입니다.

그래서 극단주의자들은 글로벌 지하드로 세계에 이슬람 극단주의 운동을 추동하면서 단순히 지하드 운동가들의 점조직적인 네트워크를 구축하는 것이 목적이 아니라, 이러한 네트워크를 기반으로 칼리프 체제를 복원하는 꿈을 실현시키길 원합니다. 지하디스트들은 칼리프 체계야말로 알라의 법이 명령한 유일한 이 땅의 체제라 생각하며, 그들에게 이는 서구 자유주

11　　**코란.** 이슬람교의 경전으로, 이슬람의 예언자 무함마드가 610년 아라비아 반도 메카 근교의 히라(Hira) 산 동굴에서 천사 가브리엘을 통해 처음으로 유일신 알라의 계시를 받은 뒤부터 632년 죽을 때까지 받은 계시를 작성한 것이다.

12　　**순나.** 아랍어로 '관행(慣行)'을 뜻한다. 무함마드에 의해 이슬람교가 창시된 후로는 순나의 의미에도 변화가 생겨, 이슬람교의 용어로 교조 무함마드의 언행 등, 이슬람교도가 모범으로 삼아야 할 것을 가리키게 되었다.

의, 민족주의, 사회주의, 왕조체제 등에 오염된 중동 체계를 일시에 제거, 변혁할 이상향적인 투생 목표가 됩니다.

또한, 무함마드와 칼리프가 보여주었듯이 전쟁을 통해 칼리프 체제가 확장되었던바, 7세기경에 무함마드와 칼리프가 활용한 전술 전략이 고스란히 정당화됩니다. 그것은 '헤지라[13]'라고 하는 무함마드가 메카에서 이주한 사건 이래, 진격전은 물론 칼리프 시대까지 이슬람 확장 수단으로 사용되었던 전시 상황에 일어난 포획, 거짓과 선동 전술, 이주를 통한 전시 유불리 상황 역전, 심지어 노예제도와 여성의 납치·유린까지도 초기 이슬람체제가 보여준 그대로 정당성을 부여합니다. 따라서 칼리프 체제가 복원될 때까지 이슬람 극단주의 전사들은 알라의 뜻이 완전히 이루어지는 성스런 지하드의 개념으로 이러한 투쟁을 두려움 없이 정당화하고 당연시합니다. 즉, 이들은 이것을 종교적 신념으로 정당화하고 있기에 매우 위험

---

13 **헤지라.** 예언자 무함마드가 쿠라이쉬족의 박해를 피해 메카에서 야스리브(Yathtib, 후의 메디나)로 이주한 것을 가리키는 말이다.

한 가치와 체계를 이 땅에 이식하려는 것이라 할 수 있습니다.

한편, 알카에다가 오사마 빈라덴 사후 남은 이슬람 지하드 전사들을 지하드 운동가로서 다루기보다, 지하드 교리에 정통한 학자 출신 자와히리 리더십을 1인자로 세워 정적으로 극단주의 교리와 교조적 도그마만을 선포했던 것은 패착을 낳았습니다. 왜냐하면, 오사마 빈라덴이 9.11을 통해 글로벌 지하드의 실제적 행동가, 운동가로서 추앙받는데 이러한 투쟁노선으로 길들여진 알카에다 지하드 전사들은 도그마 교조 교리만 선포하는 자와히리의 리더십에 매력을 느끼기 어려웠기 때문입니다.

이에 따라 칼리프 국가 건설이라는 지하디스트들에게 있어 이상향적 목표를 제시한 알 바그다디가 IS를 천명하고 단체를 정비해 더 자극적이고 선동적인 방법으로 잔인한 테러와 투쟁을 이어가자 실제적 투쟁에 목마른 많은 지하디스트들이 IS로 몰려갔습니다. 그들은 칼리프 정부체계를 조각하고, 경제체제 구축을 위해 칼리프 시대의 단위에 화폐를 발행하는 등 국가와 체제 이식의 의도를 뚜렷이 보여주었습니다. 이로써 이 땅에 칼리프국가 복원과 칼리프체제 이식을 꿈꾸고 있는 많은 지하디스트들에 동경과 지지, 그리고 합류를 이끌어내기에 이른 것입니다. 민병대 8천 명 수준의 IS 지하드 전사들이 감히 이슬람 칼리프 제국을 복원하겠다고 공언하는 신념의 기저에는 죽음도 불사하겠다는 종교적인 신조가 내포되어 있고 이것을 집단체제화한다는 점에서 그 심각성이 있다고 할 수 있습니다.

헤지라, 난민과 이주자, 할랄[14], 모스크[15]

14   **할랄.** 이슬람교도인 무슬림이 먹고 쓸 수 있는 제품을 총칭하며, 아랍어로 '허용된 것'이라는 뜻이다.

15   **모스크.** 이슬람교의 예배당으로, 안에는 메카 방향을 나타내는 움푹한 벽과 설교단이 마련되어 있으며, 제단이나 성화·성상 등은 찾아볼 수 없다. 교육·사교·정보 교환의 장 기능도 갖고 있다.

- 극단주의 트로이 목마[16]

이슬람의 창시자 무함마드가 헤지라, 즉 메카에서 메디나로의 이주를 통해 이슬람 종교의 확산 기반을 만든 것은 모든 무슬림이 주지하고 있는 역사적 사실입니다. 이슬람은 메카에서 발흥한 종교이지만, 사실상 메카에서 이슬람은 부족 가문 집단에게도 인정받지 못했을 정도로 절대 열세였으며, 소수종파의 체계성도 갖추지 못하였습니다. 소수 종파로서의 열세를 견디다 못해 메디나로 이주하게 된 사건을 '헤지라'라고 고유 개념화할 정도로 이는 이슬람 역사의 일대 사건이자, 전환점으로 후대에까지 인정받게 되었습니다.

따라서 지하디스트를 포함, 모든 무슬림들에게 헤지라 이주를 통한 이슬람의 확장이라는 모티브는 상당히 강력한 역사적 권위요, 무슬림 사회의 공인 된 뿌리이자 근간입니다. 그래

16　　트로이 목마. 그리스 군대가 트로이성을 10년 동안 포위하고 전쟁을 벌였으나 성을 함락하지 못하자 거대한 목마를 만들어 버려두고 퇴각하였다. 이를 평화의 선물이라고 생각한 트로이 군대가 목마를 끌고 들어와 축제를 벌이던 한밤중에 목마 속에 숨어있던 그리스 병사들이 급습하여 트로이를 멸망시킨 것을 비유하는 것이다. 따라서 상대방이 눈치채지 못하게 몰래 숨어든다는 의미에서 붙은 이름이다.

서 극단 지하디스트 무슬림이 아닌 온건 무슬림의 이주조차 난순한 인구 이동과 이민을 가리키는 사건만이 아닐 수 있음을 직시해야 합니다. 왜냐하면, 그것은 이슬람 근거의 토대요, 이슬람 확장에 역사적 계기인 헤지라라는 종교적 사건과 맞닿을 수 있기 때문입니다.

무슬림 이맘[17]들조차 무함마드가 헤지라 이주와 이민을 이슬람 포교와 확장의 적극적 수단으로 이용해왔다는 것을 무함마드의 언행록인 순나를 통해 샤리아법으로 해석하고 인정합니다. 따라서 온건한 무슬림이 단순 해외 이주를 감행한다고 하더라도 샤리아법과 이슬람의 역사적 전통에 따라 그는 헤지라의 연장 선상에 서게 되며, 이슬람이 종교·정치·사회 일치 체제임을 고려할 때, 그는 이주 후 이주 지역에 모스크와 움마 공동체를 세우고 샤리아법에 따라 할랄을 지켜야 하는 이슬람 법체계에 예속되고 그에 따라 생활하게 됩니다.

다시 말하지만, 무함마드가 지은 코란과 무함마드의 언행록

17 **이맘.** 이슬람교의 종교지도자를 일컫는 말이다.

인 순나는 모든 진정한 무슬림이라면 반드시 지켜야하는 계율이며 샤리아 법입니다. 종교 창시자인 무함마드가 헤지라(이주)를 통해 수세적 종교 투쟁 국면을 공세적으로 전환하고 전시작전을 통해 메카를 점령하여 이슬람을 확장시켜 나갔다는 역사적 사건은 종교적 절대권위 ^{순나}이자 선례가 됩니다. 이는 잠재적으로 평범한 무슬림들이 폭력적이고 적극적인 지하디스트들의 도구로 이용되어지고 극단노선으로 넘어갈 수 있는 연결고리가 될 수 있다는 점에서 그 위험성이 있다 하겠습니다.

즉, 온건 무슬림조차도 종교적 열세 상황이었던 초기 이슬람 행적 가운데 무함마드가 헤지라라는 이주를 통해 상황의 역전을 이루어 대 아라비아에 이슬람 종교적 공세를 확보했다는 것을 잘 알고 있습니다. 이러한 무함마드의 행적은 코란과 함께 순나로서 무슬림이 지켜야 할 샤리아법의 권위로 인정되고 지켜져야 할 계율이 됩니다. 따라서 이러한 헤지라의 권위를 통해 이슬람의 해외 이주 및 난민 상황은 무슬림 게토[18] 확보, 노스크 설치 등을 통해 종교적 공세로서의 교두보 확보를 의미합니다. 그리고 이것은 종교적 지하드 투쟁이 됩니다.

또한, 극단주의 지하디스트들은 무슬림들의 이주 및 난민 상황을 헤지라의 권위 아래 전시 상황을 위한 준비 태세로 바라봅니다. 평범한 무슬림조차 극단주의 지하디스트로 변모시킬 수 있는 선동, 선전을 가능케 합니다. 왜냐하면, 무함마드가 헤지라를 통해 종교적 수세 상황에서 무슬림 움마 공동체를 확보하고 보존한 것은 물론이거니와 이후 전쟁을 준비해 메카를 탈환하는 전시 전략전술을 보였기 때문입니다.

표면적으로는 할랄 역시 부정한 것과 정한 것으로 음식 생활까지 규정하는 단순한 종교적 계율로 볼 수 있습니다. 하지만 보통 샤리아법의 근거에 따라 무슬림 이맘만이 할랄을 집행할 수 있으며, 할랄식품을 수요로 취하는 무슬림 공동체가

18　　**게토**. 중세 이후 유대인들을 강제 격리시킨 유대인 거주지역에서 비롯된 말로, 주로 특정 인종이나 종족, 종교집단에 대해 외부와 격리시켜 살도록 한 거주지역을 지칭한다.

필요하다는 점 때문에 모스크의 확보와 이주가 선행되어야 한다는 점을 수반합니다. 따라서 이방 사회에 할랄이 관철된다는 것은 이미 무슬림이 이주할 상황과 거주 조성이 가능하다는 의미이며, 이는 무슬림 이주를 통해 곧 샤리아법을 관철시킬 이슬람 움마 공동체가 이방 사회에 이식된다는 의미입니다. 이는 명백한 이슬람의 종교확장 방법론이며, 할랄, 모스크, 집단 이주 등은 이슬람 확장의 트로이 목마이자 교두보가 될 수 있습니다.

요컨대 무슬림 이주와 이민은 헤지라의 권위를 통해 온건 무슬림 사회가 전시에 준하는 종교적 지하드 및 강경 이슬람으로 변모할 수 있는 정당성과 권위를 부여할 수 있는 일입니다. 따라서 한국에서 추진 논의가 일어나고 있는 무슬림 이주를 동반하는 할랄 산업단지 조성과 모스크의 설치 등은 서구에 무슬림 이민정책의 실패를 반면교사 삼아 그 향후 파급력의 위험성을 고려해야 합니다.

유럽은 무슬림 이주자들이 유럽에서 소외되지 않게 하고자, 게토화된 그들 영역을 인정하고 그들 고유문화 속에서 살 수 있는 자치권을 보장하기 위해 유럽 동화 정책보다는 유럽과 이민자 사회 분리정책을 시행했습니다. 그러나 이러한 분리정책이 유럽 내 게토화된 무슬림 사회에서 이슬람 테러리스트들이 양산되는 것을 막을 수는 없었습니다.

한편, 미주는 무슬림 이주자에 대해 게토화된 무슬림 사회를 따로 지역 설정해 그들 사회를 분리하기 보다 미국사회 속 일원으로 살도록 동화정책을 썼습니다. 그러나 미주 내에서 추진된 이민자 동화정책도 무슬림 이주자 정책에 대해서 만큼은 실패로 판명되었습니다. 이 동화정책에도 불구, 미주사회에 무슬림 이주자들은 고유 무슬림 정체성으로 인해 미주 사회에 녹아들어 동화, 적응하지 못하고 소외를 겪는 경우가 다반사인데, 이러한 경우가 극단주의자들의 포섭을 받고 외로운 늑대형 테러리스트화 되어 돌출적 테러를 자행하는 것을 대 미국 정부조차 막을 수 없었습니다.

전망

 살펴본 대로 현대 이슬람 극단주의 운동의 흐름은 쿠틉의 사상기를 지나, 오사마 빈 라덴으로 대표된 운동기를 넘어 IS로 대표되는 체제 이식기에 접어들고 있습니다. 또한, 지역적, 사회적인 지하드에서 국제적, 군사적인 이슬람 지하드 운동으로 그 노선이 더욱 강경 확대되어, 국제적인 점조직 네트워크가 아니라 국제사회와 중동 지역을 동시에 불안케 하는 체제 이식기로 넘어가고 있다고 봐야 합니다.

 그럼에도 불구하고 이슬람 국제 지하드 운동이 체제 이식을 통해 시리아와 이라크 주변에 극단적 지하디스트를 한지역으로 불러 모으고 있다는 점은 그간 운동으로서의 지하드 국제 점조직 네트워크의 이점을 상쇄, 조직을 궤멸시키는 패착을 낳을 수 있습니다. 국가 시스템으로서 전쟁은 강대국인 미국과 러시아 등을 따라갈 수 없는 것이 8천 명 내외의 IS 지하디스트 체제의 한계이기 때문입니다.

점조직적인 네트워크가 산개된 지하조직이었을 때는 비대칭 전투와 전쟁을 통해 미국 등 강대국을 효과적으로 괴롭힐 수 있었겠으나 아무래도 응집된 국가체계를 유사하게 모방하여 한 지역에 집결해서 시스템과 시스템, 힘 대 힘으로 패권 국가들과 대결하기에는 절대적 힘의 열세가 존재합니다.

또한, 중동 핵심부에서 IS 구축을 통해 강경 투쟁을 하는 와중에 일반 온건 무슬림들의 터전을 파괴하고 종교적으로 억압한 지하디스트의 행동 양상은 대다수 무슬림들에게 이슬람 근본주의 한계를 체감케 함을 넘어 반감과 공포, 환멸을 제공할 가능성이 크다고 하겠습니다.

중동 소요 사태를 통해 본 아랍 이슬람의 조명

7

*이 글은 중동 소요 사태가 일어난 2011년 직후에 쓰인 글입니다.

리비아 - 이슬람 부족주의와 내전

독재자 카다피[1]의 최후는 참혹했습니다. 리비아의 카다피는 왕 중의 왕이라는 호칭을 즐겨 사용했는데 이는 고대의 부족할거시대에 혼란을 마감한 왕들이 자신을 지칭하는 표현입니다. 카다피는 왕이라는 다소 시대착오적인 호칭을 즐기며 절대 권력에 군림했지만 결국 부족들 사이의 원한으로 인해 희생되었습니다. 중동 소요 사태를 민주화로 규정하며 개입하는 서구는 자가당착적이고 아전인수격인 과오를 저지르고 있습니다. 서구적 민주화 모델링을 중동사회의 대규모 소요의 원인과 결과로 받아들이며 힘과 패권으로 개입하는 것도 자가당착이려니와, 중동에 대한 이해와 도식도 매우 자기중심적이고 단

---

1 **무아마르 알 카다피.** 리비아의 국가원수로 2011년을 기준으로 세계 최장인 42년 동안 리비아를 통치했던 독재자. 2011년 2월 15일 리비아 제2의 도시인 벵가지에서 발생한 반정부 민주화 시위에서 시작해 부족 간 갈등으로 번지며 수많은 희생자를 낳은 리비아혁명이 10월 20일 카다피가 사망함으로써 막을 내리게 된다.

선적입니다. 그리고 이러한 행태는 오랜 세월 중동과 서구 대립의 비극의 씨앗이 되어왔습니다.

   독재자 카다피가 축출되고도 끝까지 그를 추종하는 일부 리비아인들의 미련스러운 충정이나, 이와 대조적으로 카다피의 엄청난 은닉재산으로 회유 받고도, 이미 권좌에서 쫓겨난 그를 끝까지 추격해 참혹하게 살육했던 또 다른 한편의 리비아인들이 보인 극단적 광기의 차이를 단순히 서구적 민주화의 열망 정도로만 해석하고 이해할 수 있을까요? 독재자 카다피를 옹호하려는 집단과 축출하려는 집단 사이에서 리비아인들끼리의 내전을 그저 종교나 정치, 민족 이데올로기가 잉태한 체제 대립 정도에 대입할 수 있을까요? 의도적인 체제 System 이전에 자연 발생적 부족 Tribe 이 있었습니다. 부족이라는 개념은 오늘날 서구적 헤게모니가 종교, 정치, 경제가 결집된 하나의 체제로 등장하기 훨씬 이전에 자연적으로 발생한 것이었습니다. 그래서 부족적 할거는 현대의 시간에서 펼쳐지는 양상이라고 하는 것보다는 고대 코드적인 것으로 보는 것이 타당합니다. 왜냐하면, 집중적인 힘의 양상을 지니는 체제가 힘을 결집하여 분산적, 할거적 양상을 지니는 부족을 제압해 압도적으로 승리하는 것은 다분히 서구적이고 현대적인 양상이기 때문입니다.

아랍 이슬람은 역사적으로 부족과 종교 체제의 경계 사이, 교착지점의 산물입니다. 무함마드[2]의 생전 AD 7세기 이전에 아라비아 반도는 중동 패권 중심에서 그저 변방에 지나지 않았습니다. 당시 중동의 형편은 기독교의 자양분을 먹어치운 빈 그릇처럼, 문명의 나이로는 이미 노쇠한 동로마 제국과 옛 제국의 전성기를 향한 부활의 욕망이 꿈틀대지만, 기독교의 정신성과 같은 깊은 종교적 자양분이 부족한 페르시아 제국과의 끊임없는 충돌이 지루하게 이어지고 있었습니다. 이러한 파

2 **무함마드.** 이슬람교도는 보통 '라술라', 즉 '알라의 사도'라고 부른다. 이슬람교의 창시자이다.

괴적인 에너지는 인류 공동체에 새로운 역동성을 부여하지는 못했지만, 힘을 연동시켜 패권의 법칙을 따르게 하는 제국적인 체제의 대결이 되었습니다. 그리고 동시대에는 이들을 대항할 세력이나 문명적 대안이 없는 것처럼 보였습니다.

무함마드는 이러한 중동 근방의 폐단적인 문명 충돌 상황 속에서 아라비아 반도를 재편하고자 유일신 사상과 아랍 중심의 사회 질서를 가지고 분연히 일어났습니다. 중동 근방에는 노쇠한 문명의 힘들이 충돌하고 있었지만, 원시적 아라비아 반도 내부는 부족 사회의 반목과 불화의 연속이었습니다. 아라비아 반도의 지나치게 극단적인 부족주의 세계관은 근친 관계나 부족적인 친화력이 있는 집단끼리는 폐쇄적일 정도로 구심력과 결속력이 강했지만, 배타적인 집단과는 한번 불화와 반목이 진행되면 부족 대대로 원수가 되었습니다.

무함마드는 상인으로서 원거리 거래를 자주 다녔는데, 그때 접하게 된 유일신 관념과 아라비아 내부에 유입되어 온 비주류 기독교인들, 디아스포라[3] 유대인들과 교류하면서 그들을 통해 접한 구약의 성경 내러티브[4]에 매료되었습니다. 그는 아라비아 부족 사회 내부의 끊임없는 은원관계에 따른 혼란과 반목의 요인을 종교적 불경건 때문이라 지적하면서, 다양한 부족의 다양한 우상들을 배제할 것을 촉구하였습니다. 부족의 갈등과 아라비아 반도의 혼란과 반목, 끊임없는 부족적 분쟁 상황의 원인을 다신 숭배로 인한 분열과 저주로 지목하면서 유일신 사상을 통해 부족 간에 경계를 허물고 아라비아 반도의 통합을 구축하고자 했던 것입니다.

3 **디아스포라.** 원래 유대인의 민족적 이산(離散) 상황을 뜻하는 용어였지만, 현대에서는 전쟁과 식민지화로 고국을 등져야 했던 난민이나 인민 그리고 그 후손들을 총칭하는 단어로 확장되어 쓰이고 있다.

4 **내러티브.** '말하다'라는 뜻의 라틴어 동사 Narrare에서 유래한 단어로 스토리텔링과 유사한 의미를 가진다. 실화나 허구의 사건들을 묘사하는 것, 그 자체뿐만 아니라 이야기를 조직하고 전개하기 위해 이용되는 각종 전략이나 형식 등을 포괄하는 개념으로 사용된다.

그러나 무함마드 자신도 기독교와 유대교의 유일신 관념과 부정확한 성경 정보를 사용했을 뿐 부족적 가치관과 영향력으로부터 자유롭지는 못했습니다. 그조차도 자신을 이단적인 자칭 선지자로 취급하는 아라비아 내 디아스포라 유대 부족에게 모멸감을 느끼고 전쟁 중에 항복한 그들을 무참히 살육, 멸족시켰습니다. 한 번은 멸족당한 유대 족속의 여인 하나가 무함마드에게 음식을 대접하는 척하며 그가 좋아하는 양고기에 독을 발라 내어놓았고, 무심결에 이를 먹던 무함마드가 이상한 맛을 느끼고 음식을 뱉어 가까스로 목숨을 구한 사건이 있었습니다. 그 뒤로 그는 평생 자신의 몸이 아플 때마다, 생의 마지막 순간에 질병으로 죽어갈 때조차, 자신의 쇠락을 독살 미수 사건 때문으로 돌렸습니다. 평생을 독살 미수 사건에 대한 원한으로 살았던 것입니다. 사실 무함마드는 유일신 알라 사상에 적대적이지만 않으면 부족적 관습을 그대로 답습하거나 거의 용인하기도 했습니다.

무함마드가 이슬람 종교와 부족통합이라는 명분으로 중동 전역을 무력으로 제패하면서, 이슬람은 그의 부족적 관습이 그대로 반영된 토양 위에 종교체제로서 세워졌고, 지금도 중동 전역에 고스란히 안착해있습니다. 이슬람은 마치 세월의 이끼가 켜켜이 쌓인 것처럼 구심력이 강하며, 동일한 가치관과 획일적인 라이프스타일로 구성원들을 재편해 온 여타의 종교체제, 정치체제, 경제체제들과 상반된 차이를 가지게 되었습니다. 이슬람은 중동 전역을 하나의 종교체제로 구축하면서도 할거적이고 배타적인 부족주의를 허용하고 독려했는데, 이슬람과 다른 여타 체제들은 대부분 부족주의[5]와 적대적이어서 공존하기보다는 극단적으로 혹은 점진적으로 해체하는 방식을 취했습니다.

예컨대 중앙집권적 정치체제를 구축하는 왕이 부족적 할거를 불편해하는 것은 뻔한 이치입니다. 단일의 믿음과 가톨릭

---

5 **부족주의.** 일반적으로 동질적인 전통과 조상, 언어, 문화, 종교 등을 가진 사람들의 집단을 추구하는 이념이다. 소규모이고 상대적으로 고립되어 있으며 정치적 통합의 정도가 낮은 상태를 이상으로 한다. 중앙집권화된 정치 권력이 존재하지 않는 부족제를 목표로 하고 있는 경우가 대부분이다.

양식을 고수하는 교황이 부족적 혈연관계의 폐쇄성을 기뻐하지 않았던 것입니다. 효율적 경제체제를 신봉하는 자들과 그것을 뒷받침하는 경제 이론가들은 예측 가능하며 도식화 할 수 있는 경제 현상을 통해 생산과 분배에 일반적이고 경제적인 구심력을 창출하기 원했습니다. 그들은 부족마다 자급 자족적인 다양한 양태에 관한 관심이 적었습니다. 또한, 중동 이슬람의 부족주의와 체제 교차점은 아프리카의 고대 원시 부족과도, 서구의 합리적인 체제와도 다릅니다. 리비아의 내전에 대한 이해는 이러한 아랍 이슬람의 내적 토양에 대한 이해로부터 시작되어야 합니다. 사실 왕처럼 군림했던 카다피에 대한 적대 부족의 저항이 추동력이 되었기에 민의를 통한 리비아 독재체제 전복이 가능했습니다. 부족의 가문과 명예가 국가법보다 중요시되는 아랍인들에게 하물며 절대 권력의 카다피라도 부족의 적대세력이라면 타협의 여지가 없이 원수가 되었기 때문입니다. 카다피가 잔인하게 살육된 이유는 물론 그의 폭정에서 일차적 원인을 찾아야 하지만, 부족적 대립 양상에 따른 리비아 상황을 이해하지 않고는 온전한 진단을 내릴 수 없습니다.

현재 리비아는 위험한 도전에 직면해 있습니다. 물론 카다피가 위험인물이긴 했지만, 그의 축출을 대신할 마땅한 중앙 권위나 권력이 존재하지 않는 상태에서 부족 집단마다 무기와 무력이 주어졌습니다. 그들은 고대 코드로부터 내려온 가문 중심의 은원 관계에 따라 행동할 것입니다. 또한, 체제가 등장해도 자신들의 부족적 입지를 강화하는 방향으로 체제를 인정하려 할 것입니다. 그러나 리비아에는 여러 기원과 처지가 다른 많은 부족들이 상존해 있고 이 부족들의 다양한 요구를 모두 성취할 정부는 존재하지 않을 것입니다. 따라서 체제를 안정시키려 해도 당분간 부족적 할거와 갈등의 양상이 리비아를 지배할 것입니다. 혼란과 내전으로 치닫지 않도록 기도할 일입니다.

아랍 민주화 혁명의 역설,
서구의 개입과 중동 독재 체제 극단화의 상승 작용

이러한 중동 전역의 소요 사태를 포괄적인 '민주화 혁명'으로 규정하려는 시도가 있었습니다. 서구적인 관점과 합의로 볼 때, 튀니지로부터 촉발된 민의적 봉기는 아랍 전역의 독재적 권위에 대한 괄목할만한 민주화 과정의 도전일 수 있겠습니다. 소요와 봉기의 과정조차 정파적 조직이 구심력을 가지거나 대항 엘리트층을 중심으로 일어난 것이 아닌, 소셜 네트워크 서비스 Social Network Service 6라는 새로운 소통 구조를 통해 자발적인 형태로 추진됐다는 점에서 서구는 자신들 근대의 태동점이라 규정하는 프랑스대혁명에 비견하고 있는 듯합니다.

그러나 역설적이게도 봉기의 원인부터 결말까지 자세히 고찰해보면 아랍 사회의 서구를 향한 뿌리 깊은 불신과 피해의

6 **소셜 네트워크 서비스.** 온라인의 가상공간을 통해 인맥을 쌓고, 정보를 공유하는 인터넷 기반의 커뮤니티 서비스를 총칭한다.

식이 곳곳에서 감지됩니다. 알다시피 튀니지 소요의 시작은 길거리에 내어 쫓긴 아랍 청년층의 경제적 막다른 골목에서 시작되었습니다. 내부적으로 아랍 정치의 무능, 특히 왕정과 군부, 종교적 독재체제가 이슬람 내부에 부패와 국민에게는 고단함을 가져 왔지만, 이슬람은 종교적 자부심과 서구에 대한 뿌리 깊은 적개심으로 인하여 그 책임을 외부로 돌려왔으며 앞으로도 그럴 가능성이 커 보입니다. 또한, 서구 대 비서구의 경제적 불평등은 서구의 헤게모니와 서구가 추진한 세계화에 따른 경제 구조적 부작용에 따른 것임을 부인할 수 없습니다. 그렇다면 결과적으로 소요 사태를 통해 국가적 변동을 경험한 나라들인 튀니지, 이집트, 리비아 등을 볼까요? 이들 나라는 내부적으로 독재체제를 구가하였는지는 몰라도 서구에 대해 어떠한 이유에서건 친서구는 아니더라도 개방적 출구 정도는 열어놓은 국가였으며, 내부적 소요와 불만이 확산될 수 있었던 사우디아라비아와 이란 등 중동 내에 극단적 독재체제를 구축한 나라들은 오히려 철저한 통제 속에 중동 소요 사태를 관리할 수 있었습니다.

이러한 결과 앞에 중동 내 폐쇄적이고 극단적인 종교 왕정 군부독재체제를 갖춘 나라들은 서구체제에 대한 경멸과 경계가 깊어졌습니다. 서구 민주화 모델이 이식되기는커녕 서구에 대한 커넥션 자체를 위험한 것으로 간주할 가능성이 커진 것입니다. 왜냐하면, 서구가 민주화와 패권이라는 야누스적 행태로 언제든지 자신들과 교류와 커넥션이 있는 중동국가들의 내부적 소요를 이용해 혼란을 가중할 가능성을 보여 왔기 때문입니다.

역사적 축적은 일시적 시의성을 훨씬 뛰어넘는 거대한 힘이기에 중동 소요 사태를 관망하면서 시의적 분절을 통해서만 사건을 읽는 것은 다분히 오판의 가능성을 불러올 수 있습니다. 역사적으로 서구와 중동의 갈등은 어떤 전쟁이나 충돌보다도 가장 뿌리 깊고 거대한 크기의 증오로 얼룩져 있습니다. 고대의 성경 기록이 증거 하는 아브라함 가계의 이삭과 이스마엘의 갈등과 반목이 서구와 중동의 정신적 근원의 충돌이라는 것은 심각한 예언입니다. 고대 코드의 기록이 역사 전체를 지배하는 주요 핵심코드가 될 줄 누가 감히 짐작했겠습니까? 사실상 현대를 살아가는 공동체에 지난 한 세기 동안 가장 큰 정신적 후유증을 가져왔던 냉전 기간, 즉 백 년 간 내려온 이데올로기 갈등은 이삭과 이스마엘의 역사적 갈등에 비하면 역사적 길이와 충격 면에서 매우 미미한 상처인 셈입니다. 가깝게는 이스라엘과 아랍의 갈등, 제1, 2차 세계 대전을 통한 서구의 지배와 억압, 유럽 대 튀르크의 대결, 십자군 전쟁, 헬라와 페르시아 제국의 대립 등 이슬람교를 수입한 중동 사람들에게 수천 년 동안 서구는 타협할 수 없는 적대 세력이었습니다. 그렇기에 대부분의 중동국가에 서구의 개입은 불행한 기억으로 각인되어 있습니다. 아랍의 왕정 종교의 군부 독재자들이 폐쇄적 시스템을 지속해서 운영할 수 있는 이유는 국민이 그들에게 절대적 시지를 보내서라기보다는 서구 외세의 개입에 대한 반사 이익의 결과라고 볼 수 있습니다. 그런 면에서 튀니지, 이집트, 리비아의 독재체제 붕괴로 서구 민주화 체제가 이식되고 있다는 발상은 순진한 생각입니다. 중동 내에 대책 없는 절대적 독재 시스템을 구가하고 있는 사우디아라비아, 이란 등의 종교, 정치 집권자들은 서구에 대한 적개심을 다시금 확인하고 노골적으로 백성들에게 학습시킬 것입니다. 이라크와 리비아, 이집트 등을 둘러싼 혼란은 서구 세력의 개입과 내부 추동이 자신들의 권좌와 나라에 큰 혼란과 불행을 일으킬 수 있는 위험한 접촉임을 주장하며 내부 단속과 폐쇄성을 정당화할 것입니다.

그렇다면, 중동권 민심의 분출구 역할을 하는 청년들이 서구에 우호적이며 무분별한 추종을 보인 것일까요? 답은 간단치 않습니다. 엘리트들이라면 세계화 메커니즘의 부작용에 따른 제삼 세계의 경제적 피해를 인지할 것이고, 중동 역사를 지식적, 경험적으로 물려받은 이들이라면 서구에 대해 우호적일 가능성이 별로 없습니다. 새로운 체제가 안정된다면 그들은 서구와의 커넥션을 불편해할 소지가 다분합니다. 물론 서구는 자신들의 입장과 이익을 대변해 줄 누군가를 찾아 중동 신흥세력에 끊임없이 회유하고 야합하는 밀월관계를 요청하겠지만 그들의 대중동 정책은 언제나 그런 식으로 진정한 신뢰를 얻는 것에 실패해 왔습니다.

예멘, 이집트, 리비아 독재와 이슬람 극단주의 세력

독재를 옹호할 생각은 추호도 없지만, 이슬람 극단주의가 가지는 폭력적 투쟁 양상을 볼 때 중동의 왕정, 군부 등의 독재는 불가피하게 이슬람 극단주의의 발흥을 억제한 측면이 있습니다.

이슬람 극단주의 세력은 종교적 신념에 따른다는 점에서 그 폭력의 정당화 양상이 극단적입니다. 쿠데타로 군부 독재 정권을 열었던 나세르[7]가 젊은 날 한때 무슬림 형제단이라는 극단주의 세력에 관심을 보이고 그들의 활동의 반사 효과와 공조를 통해 이집트 정권을 장악했지만, 그는 곧 이슬람 극단주의 세력의 위험성을 알고 그들을 탄압했습니다. 이슬람 극단주의 세력인 무슬림 형제단으로부터 암살을 당할 뻔한 나세르는 이슬람 극단주의가 다른 정치체제와 타협하는 세력이 아니라는 것을 알았습니다. 그것은 철저한 탄압이었고 언제 암살당할지 모르는 생사의 문제였습니다. 나세르의 정치적 동지이자, 군부 정권을 함께 열었던 사다트[8] 대통령은 이슬람 신앙 기조를 국민에게 보여주기 위해 무슬림 형제단에 대해 유화책과

---

7 **가말 압델 나세르.** 이집트의 제 2대 대통령(1956~1970). 반둥회의(아시아–아프리카회의)에 출석하여 적극적인 중립주의·비동맹주의 외교정책을 추진했고 수에즈운하의 국유화 선언 후 수에즈전쟁이 일어났으나 국제여론의 지지로 이를 해결해 아시아·아프리카의 지도자가 되었다.

8 **안와르 사다트.** 이집트의 제 3대 대통령(1970~1981). 이스라엘과의 평화 없이는 이집트의 재건이 없다고 생각하고 이스라엘에 압력을 행사할 수 있는 미국에 접근하여 중동평화에 미국을 관여시키는 데 성공하였다. 현실주의적으로, 1977년 이스라엘을 방문하고 중동평화의 길을 닦았다.

압박책을 번갈아 썼지만 결국 그들에게 암살당했습니다. 이후 등장한 무바라크[9] 독재 정권에 가열찬 압박을 받은 무슬림 형제단은 폭력적 노선을 철회하다시피 했지만, 포스트 무바라크로 무슬림 형제단이 가장 유력한 정치세력으로 등장하면서 그들이 집권한다면 이집트는 그들의 극단적 폭력 노선이 부활할지 경계해야 하는 처지에 놓였습니다. 그들의 폭력적 노선 회귀를 견제할 수 있는 이집트 세력은 군부가 유일할 뿐입니다.

리비아의 왕 중의 왕이라 칭했던 카다피는 부족적 할거라는 리비아의 정치적 분열 양상을 독재를 통해 컨트롤했습니다. 그는 서구에 대해서 괴팍하리만큼 유연한 지도자였습니다. 때로는 서구에 대해 폭력적으로 대항하고, 이익이 된다면 안면을 바꿔 그들의 환심을 사는 일도 마다치 않았습니다. 그러나 자신의 독재체제에 위협으로 여겨 시종일관 적대했던 세력은 대항 부족 세력도 서구 세력도 아니었습니다. 그는 이슬람 극단

9 **무함마드 호스니 무바라크.** 이집트의 제4대 대통령으로 30년간 장기 집권하였다. 공군 출신인 무바라크는 집권 초기 과격 보수주의자들을 퇴치하고 세력을 약화시켜 국가를 안정화하는 데 성공했다. 그러나 이 과정에서 국가비상령을 내리고 강경책을 펼쳐 국민의 자유를 박탈하며 반발을 샀다. 결국 반정부시위에 의해 2011년 2월 11일 대통령직을 사임했고 2012년 6월, 시위대 학살 혐의로 종신형을 선고받아 수감되었다.

주의 세력을 자신을 몰락시키고자 하는 타협할 수 없는 적대 세력으로 규정했고, 그의 예민하고 신경질적인 반응 속에는 극단주의 세력에 대한 두려움이 감춰져 있었습니다.

예멘의 양상을 봅시다. 중앙 정부는 민의적 소요에 대해 끝까지 저항하고 있습니다. 외교적인 술수, 권력을 이용한 탄압, 정치적 회유 등 모든 수단을 강구해 민의적 소요 앞에 누란(累卵)의 정권을 유지시키려 하고 있습니다. 그러나 정권 혼란을 틈타 알카에다[10]의 전략적 거점인 남부 일대를 확보하는 것에 대해서는 이상하리만치 무기력한 모습을 보이고 있습니다. 독재 정권의 생명 연장을 위해 마지막 남은 힘을 쥐어짜느라 여력이 없는 것인지도 모릅니다. 혹은 정권 혼란이 가져올 극단적 체제 등장에 대해 서구에 경각심을 주려는 의도적 방관이 있을 가능성도 거론됩니다. 그러나 결론적으로 말하자면 이 모든 시도는 한마디로 위험천만할 뿐입니다. 중동 체제에 유

10   **알카에다.** 미국에서 발생한 9 · 11테러 배후세력으로 지목된 오사마 빈 라덴이 조직한 테러조직.

난히 종교, 정치, 군부 독재 정권이 많이 들어서 있어 백성들이 받는 통제와 압박은 고단합니다. 그러나 대안 없는 소요의 추동은 단순한 민주화를 보장하는 것이 아닙니다. 서구와 중동의 역사적 경험이 다르고 프랑스 대혁명 이후 구축된 서구의 분권과 견제를 통한 민의적 통치 시스템은 오랜 세월 동안 체계적으로 축적된 역사적 체제이기 때문입니다.

독재를 타도하지만, 대안이 없다는 것은 종종 이슬람 극단주의자들에게 유리한 환경과 교두보를 마련합니다. 이슬람 극단주의 세력의 정권화 과정에는 그들의 전략가들을 통해 사전 정권 체제의 혼란을 이용하는 전술이 주로 사용됩니다. 이란과 파키스탄, 수단의 경우를 봅시다. 그들은 정권에 대항하는 엘리트나 성난 군중들의 선동을 통해 정권의 혼란을 유도했고, 그 뒤에 통치 이념으로 이슬람 극단주의 부흥이라는 명분을 앞세워 이슬람 극단주의 통치 이념을 제시했습니다. 그것은 서구에 대해 불신과 이용만 당해온 역사적 피해의식으로 서구적 통치 모델을 따르는 것에도 부담이 있으며, 독재정권의 무능과 억압으로도 돌아가고 싶지 않은 대중들과 대항하는 엘리트들에게 매력적인 대안, 통치 모델링으로 읽혔습니다. 무슬림이 독재와 서구통치 아래 불행했던 이유는 그 체제가 알라의 말씀인 코란을 따르지 않았기 때문이라고 말하며, 무함마드의 생전의 역사적 경험으로 돌아가 통치 체계를 만들 때 이전과 다른 통치가 임할 것이라는 설명은 무슬림들에게 거부할 수 없는 유혹이 되곤 했습니다. 그러나 이러한 지하디스트의 선동이 이슬람 종교, 정치 지도자들이 말하는 코란에 입각한 통치라는 말과는 사뭇 다른 제안이라는 것을 순진한 무슬림들은 언뜻 들어서는 깊이 이해하지 못합니다. 양심과 민족주의에 근거한 이슬람 체계는 코란을 교리상으로 재해석해 폭력적 역사와 기능을 교묘히 수정했지만, 이슬람 극단주의자들의 코란 해석은 코란이 발생한 시기의 역사적 상황에 대한 이해 없이 문자 그대로의 코란을 받아들여 폭력 사용의 정당성을 옹호하는 방향으로 이루어집니다.

이것은 상상의 모델링이 아닙니다. 이란과 파키스탄, 수단의 이슬람 극단주의 세력의 집권과 유사한 정치적 발흥이 위와 같은 과정을 통해 이루어졌습니다. 앞으로 이슬람 극단주의 세력이 정권의 혼란을 이용하리라는 것은 당연한 접근입니다. 빈 라덴이 죽기 직전에 한 성명을 통해 그의 관심인 미국을 비롯한 서구에 대한 투쟁과 더불어 중동 소요 사태로 인한 통치의 혼란을 이용해서 이슬람 극단주의 세력과 그 정권을 추동해 보려는 시도가 있었다는 것은 이미 여러 정보로부터 밝혀져 왔습니다. 이것은 빈 라덴의 사고방식으로 볼 때 의외로운 것입니다. 왜냐하면, 그에게 있어 이슬람의 부패는 서구 세력의 개입 때문이며 이슬람 극단주의 통치에 의한 칼리프 체제로 복원하기에 앞서, 먼저는 이 모든 악의 머리이자 근원인 서구 미국과 이스라엘을 제거하는 것이 그의 투쟁의 일차적 과정이었기 때문입니다. 투쟁노선 순서과정의 앞뒤를 바꿀 만큼 빈 라덴이 중동 소요 사태를 이슬람 극단주의를 세력화할 적합한 방법으로 보았다는 뜻입니다.

중동 독재정권에는 두려움이라는 역설이 존재합니다. 그들은 종종 통치를 위해 정권 존립에 위협이 되는 세력을 만날 때 두려움을 주기 위한 공포 정치를 사용하지만, 역설적으로 독재자 자신들도 대항 세력에 대해 극단적 두려움을 가지고 있습니다. 또한, 이슬람 부족주의와 율법의 저변은 가문과 명예를 더럽힌 존재에 대해서는 자비가 없습니다.

따라서 그들의 사고는 국가체제보다 부족적 가문과 명예에 훨씬 실제적인 권위로 두고 따릅니다. 중동에서 어느 정도 부족과 율법적 체제를 견제하지 않고는 독재적 권력이라는 것은 존립할 수 없습니다. 따라서 몇몇 부족에 대한 회의와 이슬람 율법의 수용과 타협을 통해 중동 내 독재정권이 생겼다 하더라도 정권이 전복되면 상황은 달라집니다. 적대적 처지에 있었던 부족과 '눈에는 눈, 이에는 이'라는 중동의 율법적 사고방식이 독재자들을 권좌에서 끌어내릴 때 극단적 처형과 원수 갚음으로 처리하게 합니다. 이집트의 무바라크나 리비아의 카다피, 예멘의 살레 등은 모두 이러한 몰락을 경험하거나 비슷한 길을 걸을 것입니다. 절대 권력이었던 중동의 독재자들도 실상은 중동의 소요 사태로 표출되고 있는 이슬람 백성들의 끝 간 데없는 분노를 두려워하고 있습니다.

통치 체계의 붕괴와 기독교

지금 중동은 구질서가 붕괴하고 있습니다. 그들 나름의 새로운 질서도 모색될 것입니다. 이슬람 종교 독재, 왕정 독재,

군부 독재, 서구적 모델링, 민의적 소요 등에 대한 상호 충돌로 이루어진 중동 소요 사태는 새로운 질서에 대한 대안을 갈망하게 할 것입니다. 그러나 불행히도 중동 땅에서 해 아래 새로운 통치 모델링은 극히 찾기 어려울 전망입니다. 몇몇 중동 내부의 기독교인들은 질서의 붕괴로 인한 애꿎은 화풀이 대상이 되어 핍박을 경험할 것이며 이것은 그들을 더욱 움츠러들게 할지도 모릅니다. 복음이 증거되기 위해서 구질서의 관성에 대한 충돌, 핍박은 언제나 필수 불가결한 것입니다. 따라서 기독교인들은 애매한 핍박의 대상이 되어 사회적 약탈, 이민이나 유민 등 극단적 희생물이 될 가능성이 있습니다. 이미 이집트와 시리아에서는 기독교인들에 대한 이유 없는 공격이 있었습니다. 중동의 기독교인들은 오래도록 이슬람 체제에 적응하기 위해 복음전파에 적극적이지 못했습니다.

그러나 서구에 대해 오래된 반감이 있는 중동 곳곳에서는 민의적 소요를 통한 정권 전복을 민주화로 표현하는데 별로 거부감이 없습니다. 민주화는 다분히 서구적 용어이며 상황적 해석입니다. 이 정도로 중동 전체가 서구 관념에 긍정적이고 포용적인 태도를 보인 적은 극히 드뭅니다. 더 이상 이슬람 사회에 기독교가 곧 서구체제라는 오래된 오해는 진실이 아닙니다. 이슬람은 외면적으로 기독교를 모태로 차용했으며, 변용된 종교체제이고 그들은 신 자체를 배제하는 서구적 합리화보다 유일신을 인정하는 기독교에 훨씬 친근감을 가질 수 있는 경향도 있습니다. 새로운 질서를 갈망하는 중동에 서구가 힘으로 접근한 오해는 복음의 희생과 포기를 통해 풀어질 수 있습니다. 중동 소요 사태를 통한 혼란으로 발생한 난민등에게 복음을 통한 예수님의 진정한 통치를 말할 기회인 것입니다.

중동 소요 사태로 인해 중동에는 더 이상 땅의 절망적인 아담의 체계가 아닌 하늘의 복음으로 쓰이는 새로운 질서가 들어설 가능성이 있습니다. 어떤 기독교인은 단지 위험하다고만

할 것이고, 어떤 기독교인은 복음으로 가능하다는 믿음으로 접근할 것입니다.

터키 쿠데타

아타튀르크와 돌궐의 전사들, 에르도안 그리고 이슬람

터키, 돌궐족 역사의 적층내 전사(戰士)의 위상

 터키의 쿠데타를 민주화의 역행으로 보는 시각이 있습니다. 서구의 민주화 렌즈를 들이댄 단순도식화를 통한 세계 이해는 이미 중동 소요 사태를 통해 중동아시아 해석틀로 올바르게 작동하지 않는다는 것을 우리는 경험한 바 있습니다. 따라서 터키 고유의 역사적 적층을 알고 터키 현대사를 이해해야 합니다. 터키는 투르크, 돌궐 민족으로 형성된 나라로서 중앙아시아 유목 기마민족의 후예들입니다. 고대에 그들은 농경정착민족과 달리 약탈경제에 의존하고 있었기 때문에 사회 구성원 전반에 걸쳐 전사의 자질을 매우 중요시하며 사회의 추앙을 받아 영웅이 통치자가 되었습니다.

 따라서 터키의 군인들은 이러한 역사적 축적과 사회적 정서 속에서 사회질서 개입에 대해 서구와 다른 시각들을 가지고 있습니다. 터키 국민들도 마찬가지입니다. 사회적 불안과 질서, 불의한 통치구조를 해결하고 사회권력의 정당성을 전사들의 영웅적 자질을 통해 부여해 왔던 터키, 돌궐족의 역사적 경험은 현대에까지 그 영향력을 가져왔습니다. 따라서 근대 국가 수립 이후 수 차례에 걸친 군쿠데타 시도에 대해 터키 국민들은 서구인들과는 달리 관용적 경향을 지닙니다.

국부(國父), 아타튀르크와 세속주의

터키 군인들은 기존 정권을 전복해 성공적인 쿠데타를 일으키고도 군인들 스스로 전면에 나서서 권력을 가지고 군정 독재를 시행하는 것이 아니라 대부분의 경우 정치주체들에게 정권을 돌려주고 막후에서 영향력을 끼쳐왔습니다. 군인들이 현대사 가운데 정권 전복으로 나서서 사회질서를 군인들 뜻대로 재편하는 일은 터키 공화국의 아버지 아타튀르크 유지,

이슬람을 배제한 세속공화정의 관철과 상관관계가 있는 경우가 많았습니다.

원래 유럽보다 앞선 과학 기술과 군사력을 가졌던 오스만 투르크는 근대 이후 대 서구 세계 앞에 문명 과학 기술의 발전이 도리어 역전당한 패착으로 인해, 서구 세력에게 지배당하고 그 영향력이 축소당하는 아픔을 겪었습니다. 이때 군인 출신으로 군대를 이끌고 일어나 나라의 주권을 수복했던 인물이 아타튀르크[1], 케말 파샤였습니다. 아타튀르크는 오스만 제국[2]의 영광이 기울었던 주요한 이유를 이슬람과 술탄 황제체제로 보았습니다. 따라서 황제정과 이슬람에 기댄 체제를 개혁하기 위해 세속주의를 표방한 공화정 국가를 건설했던 것입니다.

1 **무스타파 케말 아타튀르크.** 터키의 육군 장교, 혁명가, 작가이며 터키 공화국의 건국자이자 초대 대통령이다. 그의 시호인 아타튀르크는 "터키의 아버지"를 뜻한다.

2 **오스만 투르크.** 13세기 말 투르크족을 중심으로 소아시아에 형성되어 지중해를 정복한 다민족 제국으로, 오늘날에는 오스만제국이라는 표현이 더 자주 쓰인다. 처음에는 소아시아의 작은 군후국으로 출발하였으나, 이윽고 동로마 제국과 남유럽·서아시아·북아프리카의 여러 국가를 정복하며 세계적 제국으로 부상하였다. 그러나 18세기 이후 쇠퇴하여 영토를 상당 부분 상실하였고, 1922년 터키 공화국이 건국될 때까지 존속하였다.

터키 국민들과 군인들에게 아타튀르크에 대한 신뢰와 유지의 영향력은 막강합니다. 아타튀르크는 나라를 재건하고 건국했던 국부이기 때문입니다. 따라서 군부는 터키 내에 이슬람회귀에 대한 향수가 권력과 부합하려할 때마다 개입해 정권을 다시 아타튀르크주의로 돌이켜왔습니다.

이슬람 회귀주의자, 에르도안과 군부 쿠데타

에르도안[3]은 이슬람회귀에 향수를 가진 이슬람주의자이지만 아타튀르크와 전사들을 통한 터키 수립의 정체성을 잘 이해하고 있습니다. 그간 에르도안이 자신의 이슬람성향을 정권에 관철시키기에는 군부라는 절대적으로 부담스러운 존재가 수면 밑에 상존해 있었습니다. 세속주의를 천명했던 아타튀르크 영웅의 역사적 명령에 따라 군부는 언제든 에르도안이 이슬람주의를 표방하면 반대세력으로 등장할 가능성이 상존(常

3　**에르도안.** 레제프 타이이프 에르도안은 터키의 전 총리자, 현재 터키의 대통령이다. 2003년에 총리가 되었으며, 2014년 터키 역사상 최초로 치러진 직선제 대통령 선거에서 당선되었다.

存)한다고 봐야 했습니다. 다만, 에도르안은 친이슬람주의자이면서도 자신의 권력기반을 공고히 하기 위해, 우선 세속 서구 사회의 요구에 부응하여 유럽연합에 가입해 경제 부흥을 이루었습니다. 이렇게 터키에 어려웠던 경제 상황을 반등 성장시킴으로써 민의의 신망을 얻고 정권 연장을 성공 시켰습니다.

그리고 이번 쿠데타의 실패로 수 만 명을 숙청하고 있는 에르도안의 의식 속에는 사실상 군부라는 부담스런 존재의 고삐를 잡지 못하면, 군대와 아타튀르크의 유지 위에선 터키 현대 역사성에 의해 언제든지 자신이 제거 당할 수도 있다는 두려움이 기저에 작동되고 있다고 봐야합니다. 쿠데타의 실패로 인해 터키 군부라는 호랑이의 꼬리와 고삐를 잡았지만 그 힘을 제어하지 못하면 언제든지 자신이 다시 물릴 수도 있는 역사적 위협이 상존하게 된다는 것을 에르도안은 알고 있는 것이지요.

터키 역사 적층 층위에서
−거대 힘들끼리의 충돌

아타튀르크 세속주의가 군부를 다시 일어나라고 명령하게 될지, 아니면 근대 이전 오스만 제국의 영광을 이끌었던 예니체리[4]와 같이 이슬람에 복종하는 전사로 터키 군대가 에르도안에 의해 재편될지는 두고 봐야할 일입니다. 역사적 축적의 충돌과 재편을 근시적으로 속단할 수는 없습니다. 즉, 돌궐족의 전사 영웅들과 이슬람, 세속화의 거대 정신성의 힘들이 충돌하거나 역사적 명분과 이해관계로 재편되고 있는 지금, 시의적으로 터키의 앞날이 어찌될지는 아직 함부로 예단하기 어렵습니다.

4 **예니체리.** 오스만 제국의 유명한 보병 군단의 이름이다. 황제의 직속경호대, 친위대역할을 하는 정예 상비군단으로 전투에 임하면 용맹성으로 유명했다. 14세기에 처음 조직되어 1826년에 마무드 2세가 해산할 때까지 존재하였다. 예니체리는 튀르크어 예니첸에서 유래한 말로 "새로운 병사"라는 뜻이다.

부록.
선교 팀 사역 빌딩의
초기접근방법론

부록을 붙이며

〈IS 등장과 현대 이슬람 극단주의의 흐름〉, 〈터키 쿠데타〉, 〈중동 소요 사태〉 등의 중동, 중앙 아시아권에 대한 이해를 돕는 글을 전술하면서, 이곳에 예수 그리스도의 복음이 들어가기 위한 시도로써 팀 사역을 제언 합니다.

서구 선교 방식이 분석과 비교·대조 그리고 개념화, 전략화 하는데 능하였으나, 로마 가톨릭의 전체주의적 전통과 교권에 대한 반발로 개혁교회 개신교를 일구면서 '의인은 믿음으로 말미암아 살리라'는 구절로 전체주의가 아닌 개인의 믿음에 가치를 붙잡은 것은 온당한 개혁적 기조였으나 공동체론까지 개인화Individual, 개체화Individuation 시키는 영향을 가져온 것은 돌아봐야할 문제입니다.

서구 사회는 이러한 영향으로 개인의 프라이버시가 매우 중요한 사회로 진입했으나, 중동과 아시아권은 그렇지 않습니다. 특히 중동, 중앙아시아권은 여전히 중동 특유의 부족주의 문화가 지배하고 있습니다. 이는 전술한대로 이슬람조차 부족주의 전통을 변형하지 못하고 부족주의 전통의 토대 위에서 이슬람 문화를 세워 마치 이끼처럼 켜켜이 쌓인 것처럼 오늘날의 현대 중동 및 중앙아시아 권역에 문화적으로 영향력을 행사하고 있다는 것입니다.

따라서 중동 부족주의 문화가 있는 중동과 중앙아시아에서 사역하기 위해서는 개체적, 개인적인 방식의 사역으로는 성육신한 사역의 성패를 보장받기 어렵습니다. 서구의 사역이 뛰어났음에도 유달리 중동 권역에서의 사역이 실패한 원인은 이러한 개인주의적 문화와 중동의 부족 공동체적 문화의 차이로 기인한 측면이 크다고 볼 수 있습니다. 성경 역시 중동의 상황적 컨텍스트를 배경으로 지어진 텍스트이다 보니, 중동 부족 문화를 이해하는데 있어 능한 책이 되었습니다. 따라서 중동의 부족 공동체 문화권 사역에 개인이 아닌 팀, 특별히 동양적 진술에 의한 공동체 '팀 사역'이 유효할 것이라는 전망으로 이 글을 부연합니다.

선교팀 사역의 성경적 근거

1. 예수님의 선교 팀 사역 기조

　예수님이 초림 하셨을 때 그는 인간의 몸을 입고 오신 성자 하나님이셨기에 권능과 기적, 새롭고도 큰 가르침, 겸손하고 온유한 성품과 죄의 역사와 타협하지 않는 불굴의 거룩함의 의지 등을 나타내시며 탁월하고도 흠잡을 데 없는 균형 잡힌 사역적 모델링의 정점을 보이셨습니다. 그분은 독자적으로 그 누구하고도 비견될 수 없는 자신의 탁월함과 비상함을 가지고 하나님 나라를 건설하실 수도 있었지만, 그분이 처음 하신 사역은 의아하게도 갈릴리의 형편없는 인생들을 찾아가셔서 하나님 나라의 일들을 함께할 자들을 모으는 일이었습니다.

인간적인 관점에서 예수님의 도전은 무모해 보이는 일이었습니다. 그분이 감당할 수 없는 규모의 하나님 나라에 관한 일들을 말씀하셨기 때문이 아니라, 그 하나님 나라를 상식적 규모 이하로 추락시킬 인생 군상들에게 자신이 건설할 하나님 나라의 일들에 동참할 것을 호소하시고 실제로 참여시키고자 그들을 끌고 다니셨기 때문입니다. 그들이 하고 있던 모든 자기 일들을 정지시키고서야 자신을 따를 수 있는 권리를 부여하셨던 주님의 행동과 기저 속에서 우리는 이것이 비단 하나님 나라의 일들을 알려 주려고만 부른 것이 아니라는 의도를 알 수 있습니다. 또한, 그저 가르침을 받으라는 것이 아니라 명백히 참여해야 할 하나님 나라의 일이 있다는 것처럼 보입니다. 따라서 예수님의 초림 사역 기저의 일차적인 목표는 팀을 모으는 데 있었을 것입니다. 신약을 잘 고찰해 보면 예수님은 유대와 이방의 경계인 갈릴리를 두루 다니시며 제자들을 부르시느라 오늘날의 교회라고 말할 수 있는 신앙 공동체 형태를 잉태하는 '관계적 네트워크'를 남기는 일에는 별다른 노력을 쏟지 않으시는 것처럼 보입니다(유대인들이 바벨론 유수기 이후 디아스포라 상황에서 신앙을 지키기 위해 심혈을 기울인 회당이 도리어 예수님을 배타, 거부하는 모순에 대한 반작용이라 생각한다면 매우 피상적인 판단일 것입니다)

예수님이 보여주신 하나님 나라의 초기 사역 모티브는 지역마다 수많은 사람들을 느슨하게 묶어 정착된 신앙 공동체를 짓는 일보다 장차 구심력이 될 헌신 된 제자 군이 자신과의 밀도 있는 상호작용으로 사역을 감당할 수 있는 모바일 선교팀을 만드는 것이었습니다. 즉 예수님이 하늘로 올라가신 후에도 하나님 나라를 위해 자신처럼 사역할 수 있는 사역 팀을 세우시고 그 뒤에 지역마다 그 사역 팀을 통해 네트워크 될 수 있는 신앙 공동체, 오늘날의 교회를 받아내는 시즌을 그리셨음이 틀림없습니다. 오순절 이후 예수님의 이러한 접근은 삼천

1 **바벨론 유수.** 바빌로니아가 유대 왕국을 정복한 뒤 유대인을 바빌론으로 강제 이주시킨 사건이다. 이러한 민족적 고난, 정신적 고통이 유대 민족의 일치를 강화하였을 뿐만 아니라 신앙 순화의 계기가 되었다. 바빌론에서 귀환한 뒤 국가를 재건하지는 못하였지만, 예루살렘에 재건한 신전을 중심으로 유대 교단을 이루어 그들을 유대인이라 하였다.

명, 오천 명에 걸친 대규모 회심 사건이 일어나면서 보다 전략적으로 드러납니다. 그럼 상상해볼까요? 만약 성령의 급격한 감화로 회심한 사람들을 지도할만한 구심력 있는 사역적인 그룹이 없었다면 오순절 성령강림은 휘발성 영적 사건으로 끝났을 것입니다.

2. 바울의 선교 팀 사역 기조

바울의 사역을 살펴보면 바울은 한 지역의 교회 개척에 접근하기에 앞서 성령의 인도 하심을 따라 전략을 세울 뿐, 일관된 기조를 가지고 사역한 패턴이 잘 보이지 않는 편입니다. 바울은 모든 것을 아시는 주님 앞에서 성령의 지혜를 좇아 사역했기에 그 지역에 대한 성육신과 개척 능력에 있어 탁월함을 보였습니다. 그러나 임의대로 부는 성령의 바람을 좇았던 사역 속에서도 유난히 일관된 사역적 기조를 고찰할 수 있는데,

그것은 바울이 교회 개척에 독자적 개척 접근을 한 것이 아니라 항상 팀을 리크루트Recruit하고 팀을 통해서 미복음화 지역 내의 교회 개척을 도전했다는 점입니다. 교회 개척을 위해 개인적, 독자적 접근을 한 것이 아니라 모바일Mobile 하는 훈련된 교회구조를 만들어 협업적 교회 개척에 돌입한 것이죠. 즉 교회가 교회를 잉태하는 매우 담대하고 비상한 전략을 일관되게 구사한 것입니다.

또한 바울의 선교팀은 지속적이고 연속적인 사역이 가능했습니다. 심지어 바울이 미복음화 지역의 복음에 대한 저항과 거부 때문에 쫓겨나는 최악의 상황이 왔을 때도 팀 사역자들은 사역을 지속하거나 현지인까지도 계속해서 복음을 증거가 되는 등 집단적 개척의 연속성에서 공동체적 구조를 이어가려 했습니다. 왜냐하면, 그들이 바울을 통해 본 신앙의 형태가 고립무원의 개인적 신앙만이 아니라 팀을 통한 공동체적 신앙이었기 때문입니다. 그렇기에 바울의 팀 사역은 적대적이고 핍박이 있는 환경 속에서도 불굴의 자생력을 가지고 자라갈 수 있었습니다. 그리고 바울의 선교팀을 통해 음부의 권세를 이기는 교회의 천국 권세('네 고백 위에 내가 내 교회를 세우리니 음부의 권세가 이기지 못하리라' 마 16:18)는 개인 신앙이 아니라 교회를 통해 더욱 효과적으로 발휘된다는 것이 증명된 셈입니다.

또한, 바울이 사역한 지역들은 핍박 때문에 길게는 2~3년, 짧게는 데살로니가 교회처럼 3주 정도 밖에 가르치지 못하고도 현지에 자생적인 복음 전파의 흐름을 남기는 등 현지에 리더십 배양과 이양에서 탁월한 전이 속도를 보였습니다. 공동 팀 사역은 복음이 바울만을 통해 독점적으로 전파되는 구도가 아니었기에 바울이 핍박 때문에 불가피하게 현장을 일탈할 때도 그의 팀원(디모데, 디도, 누가, 마가, 브리스길라, 아굴라)들을 통해 지속해서 가르쳐질 수 있었습니다. 또한, 신앙의 전달 형태가 집단적이었기 때문에 현지인들은 신앙을 지키는데 한 사람만이 아니라 공동 책임이 있다는 자세를 금방 배우게 되었으며 바울 팀이 떠나고도 종종 현지인 신앙 공동체를 통해 스스로 복음이 전파되었습니다. 오늘날에 현장 개척이 통상 약 20년 정도는 지나야 복음 전파의 자생적 현지 공동체가 발생할 수 있다는 주기와는 완연히 다른 구도에 빠르고 효과적인 사역이었던 셈입니다.

팀 사역적 접근의 역사적 사례

1. 근현대 선교 사역의 유효성, 윌리엄 캐리[2]와 모라비안 교도[3]

윌리엄 캐리가 근대 선교의 아버지로서 역사적 전환점이 되었다는 데는 선교 역사가들의 이견이 별로 없습니다. 왜냐하면, 윌리엄 캐리가 주장했던 지상명령의 항구 불변성에 대한 논증이 유럽 내 기독교 집단의 지상명령에 대한 유럽 중심적인 이해의 틀을 바꿔 놓았고, 이것은 수백 년 동안 유럽 내에 머물렀던 복음의 역사를 다른 대륙으로 확산시키는, 거시적으로 정지되다시피 한 선교의 성경적 근거를 다시 추진력 있

---

[2] **윌리엄 캐리.** 윌리엄 캐리(William Carrey 1761년 8월 17일 ~1834년 6월 9일)는 인도에서 활동한 영국 침례교 선교사이다. 개신교 현대선교의 아버지로 불린다.

[3] **모라비안 교도.** 18세기 보헤미아에서 등장한 복음주의자들이다. 18세기 경건주의 운동의 영향을 받았다. 보헤미아에서 살던 모라비안들은 1722년에 로마 가톨릭 교회의 개신교 탄압을 피해, 독일의 드레스덴의 니콜라우스 진젠도르프 백작의 영지로 이주하였다. 3년뒤에는 1백명이나 되는 신도들이 영지로 이주했는데, 진젠도르프 백작 자신도 모라비안들과 기도회를 가질 정도로 모라비안의 경건주의 운동에 적극적인 참여를 하였다. 복음주의자들인 모라비안은 남아프리카공화국, 청 제국, 페르시아, 북극등에서 활발한 해외선교를 벌였고, 존 웨슬리의 감리교 창시에도 영향을 준 것으로 알려져 있다.

게 만들었다는 점에서 역사적 의의를 지니는 획기적인 인물이기 때문일 것입니다. 또한, 개인적 자질도 뛰어났습니다. 영국의 석학들이 패러그래프 하나만 등재해도 자부심을 느낀다는 브리태니커 백과사전에 윌리엄 캐리의 글이 여러 분야에서 저변이 되었다는 점은 놀라운 일입니다. 심지어 그는 정규교육을 통해 많은 학문적 전문성을 쌓은 인물도 아니었습니다. 하지만 인도 선교를 하면서 수많은 언어로 4 복음서를 번역했고 성경 대부분을 번역한 경우도 여러 번이었으며, 선교에 유익하다면 생물 도감 및 여러 분야를 넘나드는 학문적 자료도 남겼습니다. 가히 천재적 인물이라 해도 과언이 아닐 정도이죠.

그러나 그러한 윌리엄 캐리에게도 딜레마가 있었습니다. 바로 현장 선교의 열매에 대한 갈증이었습니다. 윌리엄 캐리는 인도 선교에 있어 매우 헌신적인 자세를 견지했지만, 현장 열매는 매우 미미했습니다. 십여 년이 넘도록 한 명의 제자가 있없을 뿐이고 그나마도 신앙의 확고함이 온전하지 않았습니다. 윌리엄 캐리는 지속적인 선교에서도 본인이 아닌 다른 문제로 진퇴양난의 상황에 빠지게 되었습니다. 아내는 현장 선교를 향한 남편의 헌신을 이해하지 못한 채 정신병적 질환을 겪었으며 가정의 상황 또한 말이 아니었습니다. 그래서 윌리엄 캐리는 자신의 사역을 반추하면서 돌파를 찾고자 했고 의외의 사람들로부터 해답이 엿보였습니다. 바로 모라비안 교도와 조우한 것이었습니다.

당시 모라비안 교도들은 종교전쟁에서 쫓겨 다니다가 진젠도르프 영지에 정착한 후 전 세계에 퍼져나가 세계 선교를 감당하고 있었습니다. 교육 수준도 좋지 못했던 그들의 신앙적 면모는 말씀의 체계적인 양육보다 실존적인 성령에 대한 체험에 의존된 신앙이었습니다. 그럼에도 불구하고 모라비안 교도는 인도 사역에서 지속적인 열매를 맺었습니다. 모라비안 교도들을 통해 현지인이 회심했고 교회가 개척되었습니다. 후대에 근대 선교의 아버지라 불릴 정도로 획기적인 인물이었던 윌리엄 캐리로서는 매우 자존심 상하는 일이었을 수도 있겠지만 캐리는 자신에게 없는 것과 모라비안 교도에게 있는 것을 통해 사역을 배우고자 했습니다. 사실 거의 모든 면에 있어서 모라비안 교도 개인들의 자질보다 캐리의 개인 자질이 뛰어나고 균형 잡혀 있어 배울것이 거의 없었을텐데 말이지요.

그런데 단 하나, 모라비안 교도에겐 있고 캐리에겐 없는 것이 있었습니다. 그것은 모라비안 교도는 (의도적이었는지는 모르겠지만) 팀 사역을 하고 있었다는 것입니다. 모라비안 교도는 집단으로 이주하면서 개인 회심의 관점에서 현장 지역을 경영하는 것보다, 교회 개척이라는 집단 공동체 사역에 더 공을 들였고, 그 덕에 현장 교회 개척 구도가 빨리 놓여 그 지역 불신자들이 더욱 쉽게 복음을 들을 수 있게 되었습니다. 신앙 전달에 있어서도 성령을 통한 거듭남을 강조하여 중생과 개인 구원에 관심을 가졌지만, 신앙 유전의 전달은 언제나 공동체적 라이프스타일로 전달했습니다. 이로써 모라비안 교도들은 캐리보다 월등히 많은 영혼들을 회심시켰고, 공동체를 통해 현지인들이 신앙을 보호받으면서 안정적으로 배울 수 있게 했으며 지역에 복음을 전할 전초기지로서 신앙 공동체를 더욱 원활히 개척해낼 수 있었습니다.

2. 맥가브란[4]의 집단 개종에 대한 논의

루이스 부시와 함께 미주의 양대 선교 신학자로 불리는 맥가브란은 서구의 유의미한 선교적 자취를 추적했고 그의 결론은 의외였습니다. 바로 서구 선교에 있어 현지 민족에게 효과적이고 지속력 있는 신앙 유전이 전달된 사례는 대부분 집단 개종의 형태였다는 것이었습니다. 이것은 강제적 혹은 전체주의적

---

4 **맥가브란.** 풀러신학교의 세계선교대학원과 교회성장연구소의 수석 명예교수로 재직했으며, 교회성장 회보도 편집 발간한 경험을 가지고 있는 석학이고 선교학의 대가이다. 그는 예일대학교, 콜롬비아대학교, 풀러신학교를 졸업하였으며, 30여 년간 인도에서 선교현장을 섬긴 경험이 있다. 저서로는 'How Church Growth', 'Understanding Church Growth', 'Church Growth and Christian Mission' 등이 있다. 교회성장학을 추동하여 교회로 하여금 계량적 성장에 집중케하는 기술적 신학에 천착한 측면으로, 과가 있다고 볼 수 있겠다.

형태의 신앙 전달 방법을 언급한 것이 아니라 교회가 교회를 잉태하는 공동체적 구도를 놓는 선교 방법론에 의미를 두는 분석입니다. 개인의 신앙은 현지 핍박과 고난을 잘 이기지 못하고 소멸되어지기 쉽지만, 팀을 통해 전달된 공동체적 신앙은 음부의 권세를 이기는 천국 권세가 개인적 신앙이 아닌 교회 집단에 주어졌다는 말의 유효성을 실감케 합니다. 일차적으로 신앙이 아직 어린현지인은 신앙적 보호가 강화됩니다. 현지 신앙인에게 배교의 유혹은 상존합니다. 왜냐하면 중동과 중앙아시아의 현지 그리스도인들은 예수 그리스도를 구주로 영접한 신앙 때문에 자신이 몸담았던 혈연적 부족 공동체, 전체적 종교 공동체, 사회적 집단으로부터 핍박을 받기 때문입니다.

때때로 현지 그리스도인들은 사회적 정체성의 소멸은 둘째 치고 생명의 위협까지 생기는 상황, 즉 그들 혼자 싸워서 감당할 압력이 아닌 상황에 부닥치기도 합니다. 그래서 곧바로 보호해 줄 또 다른 영적 가족, 신앙 공동체가 주어지지 않는다면 그들은 대적의 공격 가운데 쉽게 고사되어버릴 위기에 봉착하게 됩니다. 철저하게 통계와 사회학적 분석을 통해 결론을 도출한 맥가브란의 견해를 참고해 보면, 선교사를 통해 전달된 복음이 현지에서 자생적이고 지속적인 신앙 집단을 잉태한 사례는 개인 유전의 유효성보다 팀을 통한 공동체적 구조의 집단 신앙의 유효성으로 말미암은 것이었습니다. 교회가 교회를 잉태하는 구조가 현지에 자생적이고 지속적인 개척 흐름을 만든다는 것입니다.

팀 빌딩의 실제

팀 빌딩은 인격을 통해 형성됩니다. 따라서 미션에 따른 기능적 역할화나, 수단화에 치우칠 수 없습니다. 많은 서구 사역자들이 팀 사역에 대해 부르짖었지만 중동 이슬람 권역에 효과적인 팀 사역 모델링이 드문 이유는 팀 형성에 대한 관점이 미션 수행이라는 명분 아래 기능적인 역할의 수행과 조합에 치우친 경우가 많았기 때문입니다. 하나님은 신격이시며 말씀과 성령의 인격적 감동을 통해 역사를 이끄십니다. 따라서 팀은 하나님과의 인격적·관계적 하모니인 샬롬을 통해 팀 구성원 간에 인격적·관계적 하모니에 대한 저변이 마련되어야 합니다.

초기 팀 빌딩이 더딜지라도 팀은 관계적 복음의 지속력, 내부 문제 해결 능력의 배양, 건강한 권위구조에 따른 의사결정의 하모니를 통한 형성에 주력해야 하는데, 만약 초기 팀 빌딩에 있어 현장 교회 개척이라는 미션 성취에 직접적 연관이 없어 보이는 팀 내부 문제라 할지라도 이러한 관계적 기초 형성은 장기적인 하모니를 위해 과감히 주력할 필요가 있기 때문입니다. 이렇게 관계적 팀 형성 요소를 통한 샬롬과 하모니,

자생 능력은 역동적인 사역과 미션 성취를 위한 튼튼한 기초가 됩니다. 만약 관계적 팀 형성에 감도가 없는 팀 위에 섣부르게 팀 다이내믹과 은사, 현장 미션과 성취 등을 빌딩 Building 하면 작은 하중에도 기초 없는 집처럼 쉽게 허물어지기 쉽습니다. 이러한 경우에 팀은 쉽게 대적의 먹잇감이 되어 다시 빌딩 Building 하기 어려울 정도로 선교사들끼리 갈등하고 참소하는 등 내부 소모에 골머리를 썩인 채, 팀 분열과 선교사 케어 등 산적한 문제를 양산하여 결과적으로 지속적인 현장 개척을 어렵게 합니다(물론 후기 팀 빌딩에 있어 현장 미션보다 내부적인 문제에 골몰하는 팀 역학도 정상적인 구도는 아닙니다).

그러나 모여서 친밀감이 형성되었다고 팀의 관계적 기초가 마련되었다는 것은 순진한 착각인데 팀 인원이 모여 개더링 Gathering 된 것과 유기적 구조로 빌딩 Building 되어 있는 것은 엄연히 다르기 때문입니다. 팀 빌딩의 유기적 형성의 기초 요소를 살펴보면 크게 세 가지로 나눌 수 있습니다. 첫째, 말씀과 성령이 지속해서 흘러갈 수 있는 통로인 권위 구조에 대해 팀원 간의 건강한 신뢰가 있어야 하고 둘째, 말씀이 상호 소통되기 위해서 의사 결정 Decision Making 의 합의된 흐름을 만들 줄 알며 셋째, 팀원 간의 관계적 복음에 대한 순복과 문제 해결 능력, 조정 기능을 받아들일 줄 알아야 한다는 것입니다.

권위구조 구축
1. 팀 리더십과 권위

권위와 순종의 흐름이 존재한다는 것은 권위주의와는 엄연히 다릅니다. 말씀과 성령의 뜻에 순종할 수 있는 방향과 흐름을 만드는 것이 권위이지, 인간적인 입지나 야망에 따라 수직 구조를 세우는 것이 권위가 아닙니다. 자칫 인간적인 방향과 수직적인 서열에 대한 맹종은 진정한 권위가 되어야 할 말씀과 성령의 뜻이 아닌 인간의 뜻과 입지로 위장된 권위주의로 팀을 함몰시킬 수 있습니다. 따라서 팀 내 최종 리더십은 말씀과 성령의 지속적인 순종을 열어갈 가능성을 가지고 팀을 말씀과 성령 앞에 순복시킬 수 있는 자여야 하며, 그러한 리더십에게는 팀의 현재와 미래의 잠재적 가능성 위에 말씀과 성령의 뜻이 구현되도록 팀의 규모에 맞게 인도할 종합적 지도력을 가질 가능성이 큽니다. 그러나 팀의 리더십이 세워질 때 주의해야 할 점은 권위가 세워지는 것이 사람의 생각처럼 말씀과 성령의 완벽한 통로가 되는 자를 세우는 것만은 아니라는 것입니다. 왜냐하면, 성령은 한 리더 Leader의 과거와 현재, 미래의 잠재된 모든 순종의 가능성을 펼쳐 보시며 사람을 택하시고 세우시기 때문입니다.

모세는 이스라엘의 권위로 세워지기 위해 그의 실패도 사용되어야 했습니다. 왜냐하면, 젊은 날 그의 육체적 열정은 성령에 순종 되기 위해 용인된 시행착오였기 때문입니다. 그는 이

치명적인 시행착오를 통해 자신의 의지와 노력, 입지로는 하나님 나라를 향한 성령의 뜻을 이룰 수 없다는 것을 깨달았습니다. 허나 우리는 40년간 도망자로 광야 생활을 하고 이스라엘의 택한 리더십으로 돌아오게 되는 모세를 맞이하는 아론의 심정을 상상해볼 필요가 있습니다. 아론은 하나님의 음성으로부터 모세가 이스라엘을 구원하기 위해 돌아오고 있다는 이야기를 들었을 때 매우 당혹스러웠을 것입니다. 모세의 전력은 아론에게 치명적인 것이었습니다. 왜냐하면, 스스로 이스라엘의 구원자가 되겠다고 히브리인을 학대하는 이집트인을 살해하고, 두려워 도피했던 무책임한 동생이 이스라엘을 구원할 리더 Leader 라니. 아론의 집안이 모세 하나를 위해 얼마나 큰 희생을 하였는지를 기억해봅시다. 그들은 바로가 죽이라고 말했던 히브리 남자아이를 금령을 깨고 살려준 가족이었습니다. 더군다나 모세가 이집트의 왕자가 되었을 때 어머니는 그의 보모 역할을 하며 정체가 들통날까 봐 숨죽이며 살아야

했을 것입니다. 모세가 좀 더 나이를 먹자 이집트 공주의 아들, 즉 왕자라는 대우 앞에 모세의 형과 누이, 심지어 어머니까지 모세에게 깍듯이 존칭을 썼을 것입니다. 그런데 이런 모든 기대와 희생을 헌신짝 버리듯 순간의 격정을 참지 못하고 사람을 죽이고 일말의 책임조차 지지 않은 채 도망친 자가 바로 동생 모세였습니다.

이러한 모세의 전력을 너무나도 잘 알고 있는 아론은 동생이 다시 이스라엘을 구원한다고 등장하는 것에 달가운 심정이었을까요? 매우 마음이 어려웠을 것입니다. 아니 차라리 모세가 아닌 다른 누가 이스라엘을 구원한다면 백 번도 순종할 수 있는 일이었을지 모를 일이죠. 그러나 모세의 형 아론은 이런 인간적인 번민을 모두 내려놓고 하나님의 명령에 따라 광야 길로 모세를 영접하기 위해 나아갔습니다. 이것이 먼저 이스라엘을 구원하기 위해 작은 가능성을 일으킨 아론의 위대한 순종이었습니다. 모세의 전력에서 드러나듯이 인생이란 실패와 허울을 가지고 있는 연약한 존재입니다. 다만 하나님이 타락한 아담의 실패를 사용하실 때 그것은 더는 누룩만이 아니라 하나님을 의지하는 선한 역사로 사용됩니다. 한 팀 안에 민족들의 구원을 위한 리더십을 세울 때 주님은 리더^{Leader}를 포함한 모든 구성원에게 연약함이 있음을 다 아십니다. 그럼에도 연약함을 인한 실패와 전력을 통해 하나님께 순종될 가능성을 배웠다면 주님은 과감히 사람을 세우십니다. 주님께서 그들을 팀으로 부르실 때는 그들이 서로 연약함으로 주장되어 신뢰를 깨고 역사를 저버리는 우를 범하라는 것이 아니라 연약함에 대한 자정 능력, 즉 십자가 앞에 부인된 자아를 가지고 서로를 용납함으로써 연약함을 상호 보완해 주라는 것입니다. 이것이 바로 건강한 팀을 위한 주님의 뜻이 담긴 역학관계입니다.

역설적이게도 우리는 수차례 미션 팀을 빌딩^{Building} 하면서 리더도 연약한 존재이며 실패할 수 있다는 것을 받아들이는 것이 팀 안에 진정한 권위를 세우는 데 있어 매우 중요한 점이라는 것을 배울 수 있었습니다. 리더 Leader는 자신이 실패할 수 있고 틀릴 수 있다는 것을 인정함으로써 겸손하게 자신을 주장하지 않고 어떠한 순간에도 주님을 의지하고 경외할 수 있게 됩니다. 또한, 팀 안에서 자신만이 옳다는 독선과 그것을 증명하는 과정에서 일방적인 권위주의적 행태를 고집할 수 있는 유혹에서 자유로울 수 있게 됩니다. 인간인 리더를 완전함의 기준으로 판단, 위탁하려는 완벽주의의 유혹에서 벗어날 수 있게 되는 것이죠. 사람을 신뢰하고 의지하는 사람은 언젠가 실족합니다. 하나님은 인생의 연약함을 인간의 완벽함으로 보완하지 않으시며 주님에 대한 전적 의존과 순종을 통해 인생을 보완하십니다. 그렇기에 주님은 서로의 연약함을 완전한 주님에 대한 의존과 순종을 통해 서로 용납하고 가릴 것을 요청하시는 것입니다. 서로의 약점을 통해 현장을 보는 팀은 믿음의 역사를 현장에 전달하는데 미숙한 팀이 되어, 현지인들조차 그들의 사역자들에 대한 평가에 감염되어 사역자들의 약점을 볼뿐, 자신을 위탁하거나 신뢰할 수 없게 합니다. 결국, 그들을 죄악 된 인간으로 볼 뿐 성령과 말씀을 의지하는 사역자로 보지 못하게 하는 누룩을 만들어냅니다.

물론 그렇다고 해서 말씀과 성령이 다스리는 팀에서 리더^{Leader}가 연약함을 주장함으로 인해 책임과 역량에서 벗어날 수 있다는 말은 아닙니다. 그는 대체로 말씀과 성령을 의지하여 열매 맺는 법을 알고 있고, 자신뿐만 아니라 팀에게도 그러한 순종을 확산시킬 수 있는 잠재력을 가진 자로, 종합적인 영향력을 자연스럽게 발휘해야 할 것입니다. 만약 말씀과 성령으로 통치하는 데에 언제까지고 미숙한 채로 리더^{Leader}가 되길 고집한다면, 팀 전체를 말씀과 성령에 대해 미숙하게 결정하게 하고 방치하도록 만들 것이기 때문입니다. 그렇기에 리더의 자질은 사람의 입지와 조건, 외형이 아니라 전적으로 말씀과 성령에 순종함으로 그 영향력이 검증되어야 합니다.

2. 팀 안정화의 키 메이커 – 서브리더십

많은 이들이 팀의 초기 정착 시 개척 교두보를 놓을 수 있는 영적 환경의 키는 카리스마 있는 리더를 통해 이루어진다고 생각합니다. 그러나 세 사람 이상 모이는 팀(과거 죄인이었으나 예수님을 믿는 그룹)의 초기 안정화는 종종 리더와 팀원, 현지인을 잇는 가교 역할을 하는 서브리더를 통해 형성됩니다. 미리암과 아론, 고라당의 반역은 서브리더의 역할과 팀 안정화에 대한 통찰력 있는 관점을 제공합니다. 이 사건이 있기 직전 동역자 미리암과 아론으로부터 모세의 신변에 대한 불편부당함이 제기되면서 모세를 중심으로 한 권위 구조의 출애굽 팀 사역이 깨어지는 일이 있었습니다. 서로가 가족이기도 한 그들은 모세가 했던 이방 여인과의 결혼을 문제 삼았습니다. 미리암이 자신의 시누이에 대해 약점을 잡고 공격한 것은 가족으로서 화평도 저버린 일이었는데, 과연 미리암은 대의를 위해 그랬을까요? 아닙니다. 모세의 에디오피아 아내는 아무래도 십보라를 언급하는 것이기 때문입니다. 에디오피아란 당시 이집트 주변의 피부가 검은 이방 여인을 통칭하는 비속어인데 미리암이 문제시 삼는 여인 즉, 십보라를 제외한 또 다른 이방 여인과 모세가 결혼한 정황이 성경에 명백하지 않습니다. 미리암이 십보라를 문제시 삼는 것이라면 그것은 표면적 명분 투쟁일 뿐입니다. 모세가 십보라와 결혼한 것은 출애굽 전의 일이었고 그것이 이스라엘 지도력을 갖추기에 문제시되는 내용이었다면 출애굽 전에 제기했어야 옳습니다.

출애굽 당시 허다한 잡족이 이스라엘과 동참하여 구원받은 것이 성경에 기록되어 있습니다. 이 허다한 잡족 안에 모세의 아내인 십보라가 포함되어 있었을 것입니다. 십보라는 할

례받는 일(이집트 세계에서는 히브리인이라는 표식 곧 히브리인은 노예라는 등식입니다)을 아들들에게 허용하고 이스라엘의 공동체에 참예했는데, 이것은 당시 절대 제국이었던 이집트로부터 히브리인이 노예 생활에서 벗어나 구원받는다는 믿음이 없으면 할 수 없는 행전입니다. 아들을 노예 삼고자 할례를 주는 어미가 어디 있단 말입니까! 하나님께서는 이미 십보라를 통해 모세가 가정을 이룬 것을 열납하셨습니다. 십보라의 아들들과 심지어 십보라의 아비 이드로를 이스라엘에서 사용하신 것이 그 명백한 증거입니다. 실제로 미리암은 모세의 신변을 염려해서라기보다 사건 직전에 세워진 장로들을 통한 대언이 부담스러웠던 것처럼 보입니다. 미리암의 반역이 있기 직전 모세는 장로들에게 대언할 수 있는 능력을 열었을 뿐만 아니라 그들의 대언이 계속되는 일들을 독려하고 허용했는데, 이에 모세를 제외하고 이스라엘에 현존하는 직임의 대언자로서 독보적이었던 미리암은 독점적이었던 자신의 지위에 위협을 느꼈을 것입니다. 또한, 미리암이 모세를 공박할 때 '그에게만 주님이 말씀하시는가'라며 모세의 대언적 직임을 공격했고 이는 곧 자신의 대언 직임에 대한 우월성의 입증을 위한 접근이라는 점에서 미리암이 대언적 기능에 집착한 것을 엿볼 수 있습니다.

한편 아론은 적극적 동조자였다기 보다 소극적 방조자였을 가능성이 큽니다. 미리암은 혈과 육으로는 누이요, 모세도 혈과 육으로는 동생이라는 기로에 서서 단호하게 상황을 판단하고 하나님 편에 서는 일에 실패했습니다. 아마 아론이 중간에서 하나님 편에 서서 미리암의 육체적 쟁투를 견제하거나 반대하는 의사를 분명히 밝혔다면 미리암은 혼자서 감히 이스라엘에게 하나님의 권위를 드러냈던 모세와 다툴 마음을 먹지 못했을 것입니다. 충분히 중재자 역할을 할 수 있었던 아론의 방관과 동조로 이스라엘은 혈육의 정도 무색하게, 성령으로 동역자로서 인도함을 받던 세월이 헛되어 콩가루가 될 위기에 처하게 되었습니다.

그리고 성경에 바로 연속적으로 일어난 사건으로 기록된 고라당의 반역은 흥미롭습니다. 이 사건은 본질적으로 모세의 권위에 대한 직접적 도전이 아니라 아론의 신변에 대한 질시로 비롯된 제사장직임에 대한 요구였습니다. 조금 전에는 일종의 서브리더였던 아론이 팀 리더 모세에게 도전이 일어나는 것을 방조했는데 아론 자신에게 유사한 패턴의 도전이 오고 있는 것입니다. 놀랍게도 모세와 아론, 미리암이 가까운 혈연관계였던 것처럼 고라도 아론과 남이 아닌 가까운 친족 관계였습니다. 가까운 관계인만큼 고라 집안은 아론만이 제사장 직임이 있고 자신들은 레위인이면서 섬기는 직분만이 있는 것이 불편부당하게 느꼈던 듯합니다. 그들은 모세가 미리암과 아론의 두 동역자에게 도전 받은 것보다 더욱 확실한 방법을 썼습니다. 레위인으로 섬기는 여러 무리, 장로 등을 대동한 채 여러 입술을 들어 아론으로 세워진 제사장 직임을 자기들의 것으로 만들고자 한 것입니다.

육체의 연약한 귀는 진리의 두세 증인을 통해 하나님 편에 서는 법을 배우기도 하지만 반면에 육체의 요구가 여러 입술을 통해 증거될 때 죄성에 쉽게 동조합니다. 두 명의 서브리더였던 미리암과 아론이 죄성에 동조화하여 권위를 무너뜨릴 때 이스라엘 팀은 위기를 경험했습니다. 고라당이라는 또 다른 섬김의 사역자들이 죄성으로 또 다른 권위를 무너뜨리고자 했고 이스라엘은 성령의 뜻과 다투는 육체 가운데 동조화되어 하루에 수만 명이 죽고, 죽어갔습니다. 이와 같은 성경적 모델링을 보면 모세를 둘러싼 서브리더들이 하나님의 권위 흐름을 알고 순종하여 화평케 할 때 이스라엘은 영적 안정을 가지고 사역할 수 있었지만 서브리더나 사역자들이 권위 흐름을 붕괴시키고 소통을 육체로써 혼란케 할 때 이스라엘은 영적으로 불안케 되었습니다. 리더가 팀을 이끌어 카리스마와 팀 성향을 결정한다면, 서브리더의 건강한 자질은 개척 초기 팀 안정화에 막강한 영향력을 미치게 됩니다.

3. 서브리더의 건강한 자질
권위와 의사소통의 건강한 방향성과 흐름을 만드는 자,
화해자, 중재자, 조력자

말씀의 경우처럼 서브리더는 팀의 불안정과 안정의 기로를 나누는 경우가 많습니다. 만약 그들이 의사소통에 있어 팀에 건강한 리더를 비롯한 권위들에 역행하는 육체의 뜻을 잠재우지 못한다면 팀은 불안정해집니다. 반대로 서브리더가 지속적인 말씀과 성령의 통로가 되는 권위의 흐름으로 팀을 공증할 줄 알고 합의시키는 두세 증인의 역할을 한다면 현장성에서 인간의 뜻을 상쇄시키고 건강한 하나님의 뜻에 입각한 사역을 세우는 데 매우 큰 힘이 됩니다. 우리는 현장 팀 리더의 권위 아래 서브리더가 종속적으로만 존재하는 것이 아니라, 서브리더의 사역이 개척 초기 매우 주요한 키를 가진 역할이라는 것을 배웠습니다. 리더의 카리스마와 성향은 팀 빌딩 후기 팀 다이내믹을 결정하는 경향이 있지만, 개척 초기에 팀 리더조차 자신에게 있는 권위를 스스로 공증할 수 없는 상황에서는 서브리더들이 어떤 입장을 갖느냐에 따라 현지인과의 관계 돌파의 국면이 달라지는 것을 보았습니다. 공증을 통해 권위 구조 빌딩을 알며 의사소통에 있어 육체를 이기는 성경적인 흐름을 낼 수 있는 건강한 서브리더는 팀 빌딩 기초의 핵심이라 해도 과언이 아닙니다.

4. 팀 사역의 성경적 모델링 – 성부, 성자, 성령의 협력

성부 하나님이 뜻에 대한 온전한 주권을 행사하셨습니다. 성자 하나님은 겸손히 성부 하나님의 뜻에 순종하셨고 성령 하나님은 보혜사와 돕는 자, 하늘과 땅을 잇는 화해자로서 역사하셨습니다. 팀 사역의 권위 구조에서도 삼위일체 하나님의 동역과 같은 사역을 모델링으로 삼을 수 있습니다. 팀 리더는 성부 하나님의 사역처럼 팀에 대한 결정권을 가지고 주님의 뜻으로 팀 결정이 이루어지는 것을 책임지기 위해 노력해야 합니다. 서브리더는 팀 리더와 팀원 현지인 간에 돕는 자로서 화평케 하며 권위를 통한 말씀과 성령의 흐름에 따라 세워진 리더의 결정을 공증하고 확증함으로 팀원과 현지인들이 이해할 수 있도록 도와야 합니다. 앞서 말했듯이 화해자로 서브리더의 자질은 팀 안정화의 결정적 성패가 됩니다. 팀원들은 성자 하나님의 사역을 좇아 결정된 팀 사역을 행전과 순종으로 현장에서 이루어 갑니다. 그들은 잠재적으로 행전과 순종을 통해 리더의 자질을 배워나가며 이후 서브리더나 리더로서 또 다른 팀을 이끌고 개척을 나갈 수 있게 되는 것입니다.

의사결정 구조와 방법론
1. 의사결정에 있어서의 소통 주체 – 팀

성경을 보면 하나님 나라가 임할 때 벙어리가 말문을 여는 역사를 자주 찾을 수 있습니다. 이를 볼 때 대적은 유난스럽게 아담으로부터 말을 알아듣고 말할 권세를 빼앗으려는 데 관심이 있는 듯합니다. 그것은 하나님의 말씀을 전달받아 알아들을 수 있는 통로인 귀와 입을 원천봉쇄하려는 의도일 것입니다. 팀 사역에 있어 말씀에 따라 사역 기조를 결정하는 데 건강한 의사결정에 대한 합의와 결정이 없다면, 그것은 마치 사람이 벙어리가 되거나 귀먹는 역사와 비슷해집니다. 사역 기조는 철저히 하나님의 말씀을 근거로 결정되어야 합니다. 사역 초기에 건강한 팀이 되기 위해선 반드시 하나님의 말씀으로 비롯된 사역 기조를 바탕으로 건강한 의사결정 구조를 서로 공유해야만 한 몸으로 현장을 경영할 수 있습니다. 문제는 사람이 뜻을 정할 때 말씀과 성령의 뜻을 좇아 결정할 수도 있고 선악의 옳은 대로 인간의 혼의 영역인 지정의와 양심을 통해 뜻을 결정할 수 있다는 데 있습니다. 인간의 지정의와 양심이 부차적인 기준일 수 있겠지만, 그것으로는 하나님의 복음을 대신해서 민족을 구원시킬 수 없습니다. 현장을 경영하다 보면 말씀과 성령을 통한 주님의 뜻이 아담의 지정의보다 전적으로 옳고 생명력이 있다는 것을 알게 됩니다. 그러나 문제는 의도적으로 배역한 자가 아닌 이상 누구도 자신이 좇는 뜻이 말씀과 성령에 따른 것인지 아니면 인간의 지정의에 따른 양심의 결정인지 구분하기 쉽지 않다는 데 있습니다. 그리스도의 몸은 이러한 주님의 뜻을 인간의 뜻과 분별하고 구분시키는 데 유익을 줍니다.

그리스도의 영을 받은 모두가 만인 제사장임을 감안한다면 주님은 몸의 독점적 부분을 통해서 당신의 뜻을 보이지 않으십니다. 묵상과 기도 가운데 서로에게 임한 말씀과 성령의 뜻을 비교해보면 반드시 일치되는 성령과 말씀의 뜻이 드러납니다. 한 개인이 몸에 임하시는 성령과 말씀을 통해 주님의 뜻에 배치되는 주관적인 영역에 대해 그분의 뜻을 들을 수 있다면 주님은 종종 그에게 말씀하시고 깨우치실 수 있습니다. 따라서 의사결정에 있어 많은 통로, 특히 선교사인 모든 팀원들에게 주님의 뜻을 말씀과 성령과의 교제를 통해 듣고 구하게 하면 할수록 팀에 유익이 됩니다. 주님이 만인 제사장으로 모든 사람이 주님의 뜻에 귀를 기울이는 것 가운데 팀을 그분의 뜻대로 이끄실 수 있기 때문입니다. 모든 사람이 팀의 방향성을 주님께 구하고 받은 대로 제시할 수 있는 셈이죠. 이것은 여러 사람을 통해 더 원활히 하나님의 뜻이 드러날 수 있다는 점에서 팀에 유익이 됩니다.

2. 의사소통의 최종 결정의 권한 – 팀 리더

그러나 팀원 각자가 듣고 구한 하나님의 뜻이 하나가 되지 못하고 여러 측면과 다양한 각도만 보여준다면 혼란이 야기될 수 있습니다. 따라서 의사결정에 있어 최종 리더의 권위는 종합하고 최종 결정의 결정권을 지녀야 합니다. 그분의 뜻을 찾아내는 데 더 동기화된, 말씀과 성령에 훈련된 사람이 팀 리더가 됨이 바람직하며 그가 몸의 최종 의사결정에 마지막 보루가 되어 결정을 분별하고 확정 짓는 것은 지속적인 경로와 합의를 만든다는 점에서 매우 중요합니다. 팀의 최종 리더는 팀을 이끌 중요한 결정이 말씀과 성령의 뜻에 따르는 것인지 최종적으로 분별하고 결단함으로써 팀의 방향이 주님의 뜻과 동행하여 생명의 역사를 지닐 수 있게 해야 합니다. 사안에 대해 분별이 어려운 지점이나 구성원 간에 첨예한 뜻의 대립이 예상되는 경우 그리스도의 몸에 나타내시는 주님의 뜻을 비교하고 팀 리더에게 분별을 요할 수 있어야 합니다.

문제는 주님의 뜻이 팀 현장의 공동 양육을 통한 복합성에 따른 상황 분별이 시공간의 제한이 있는 리더 혼자의 관찰과 분별로만 결정될 수 있는 경우가 드물나는 데 있습니다. 물론 개척 초기 현지인과 선교사의 관계는 말씀과 성령의 뜻을 가르치고 가르침 받는 과정이 주효합니다. 따라서 합의보다는 수용력이 유효한 생명력이 되는 시기인데, 어린아이 때와 마찬가지로 현지인 교회가 아직 어린 개척 초기에는 주님의 뜻을 개척 사역자 그룹이 찾아 결정 내리도록 이끌어 주어야 하는 경우가 대부분입니다. 그러나 사역 팀 간의 의사결정은 양상이 다릅니다. 이미 말씀과 성령의 뜻에 훈련된 선교사 간의 의사결정이라면 다양한 사람들의 의견을 통해 주님의 뜻이 드러나고 논의될 가능성이 큽니다. 말씀과 성령의 권위를 존중하는 팀 내에 다양한 선교사들이 같은 문제에 대해 여러 측면에 따라 말씀과 성령의 분별이 주어질 수 있습니다.

예컨대 양육된 지 10년이 지난 현지 제자가 있다고 합시다. 그는 경제적으로는 궁핍하고 염려도 있지만 회심하고 주님을 따르고자 하는 의욕이 있습니다. 이 현지 제자를 현장 경영의 원리에서 현지 교회의 잠재적 리더십으로 세울 것인가, 아니면 경제적 측면의 염려가 이 사람의 내면 일부를 붙잡고 있는데 전임 사역자로 지금 세우는 것이 옳은 일인가에 대한 현장 의견이 나뉠 수 있습니다. 예컨대 두 의견의 측면이 현지 성육신에 따른 리더십 이양에 따른 관점, 혹은 제자도에 따른 양육의 관점이라고 할 때 양측 다 일리가 있는 이야기이고, 성경적 관점에서 틀리지만은 않으며, 성령의 적용점이 어느 시점에는 다 필요한 이야기입니다. 현장 팀 의사결정에 있어 모든 사역자가 말씀과 성령의 권위를 존중한다는 전제가 동의되고서라도 이런 의견에 측면과 각도 차이는 존재할 수 있다는 것입니다. 이때 모든 사람들에게 말씀과 성령에 따라 일리가 있는 의

견이 두 가지 이상 존재한다면, 결정권은 몸의 권위인 최종 팀 리더가 하는 것이 옳은 것입니다.

  미세하게 최종 리더의 결정이 어떤 사역자의 견해와 부분적으로 상충할 수 있지만 최종 리더의 결정이 시행착오를 가져올 수 있는 경우라 해도 그의 종합적인 권위를 손상시키는 것은 팀에 종합적 의사결정에 대한 신뢰를 붕괴시킬 수 있습니다. 만약 리더가 지속적으로 하나님의 말씀과 성령의 뜻을 읽어내지 못하고 고의적 독단과 폐단으로 결정한다면 두세 증인의 공증과 하나님과 몸 앞에서 상위 권위자를 통해 근본적 조정을 받을 일입니다. 또한 리더십은 종종 팀 내 사역자의 말씀과 성령에 대한 현장 해석이 다르다고 해서 팀과 권위를 거스르고 있다고 생각해서는 안 됩니다. 말씀과 성령은 독점적으로 한 사람에게 주어지는 것이 아니라 만인 제사장의 원리로 모든 사람에게 부어질 수 있기 때문에 리더는 상충되는 현장 이견을 통해 확고한 말씀의 기준과 섬세한 성령의 인도 하심을 찾아낼 문제인 것입니다. 결코 자신만이 말씀과 성령에 따라 현장 경영이 가능하다는 독단에 빠져서는 안 되는 것입니다.

3. 권위와 의사소통의 상호 보완적 관계 설정
- 협력하여 선을 이루라

팀이 의사결정 하는 데 있어 시행착오를 통해 배우는 경우가 있습니다. 실패를 받아들일 수 없으면 팀 빌딩은 도전하기 어려운 과제가 될 것입니다. 따라서 팀은 실패를 줄이는 것도 중요하지만, 무엇보다 실패를 인정하고 용납하는 성숙과 도전 정신이 생명력에 있어 중요합니다.

예컨대 어릴 때 경험으로 과실수의 씨를 심어 나무가 된 적이 있습니다. 주변의 모든 어른들이 열매가 나지 않으리라 기대를 말라고 했는데 한 해, 두 해 지나도 소식이 없어 죽은 줄 알았던 씨앗들이 3년 만에 싹을 세 개나 틔웠었습니다. 비바람에 한 포기가 꺾여 자라지 못할 거라 짐작했습니다. 그런데 꺾인 가지가 휜 채로 붙어 자랐습니다. 5년이 지나자 처음으로 꽃을 틔우고 열매를 맺었는데, 강풍에 다 떨어져 나갔습니다. 이태째에도 강풍은 견디었으나 실하지 못해 먹을 수 없는 열매만 내다가 결국 겨울이 왔고 3년이 되자 틀려먹은 나무라고 베어 버리자고 했지만 그해 가을, 보란 듯이 열매를 실하게 맺었습니다. 열매는 매우 달았습니다.

팀 빌딩에 있어 불안정성과 실패 요소는 위 예화의 경험에 따라 교훈을 얻을 일입니다. 고의적인 패역함이 아니라면 틀렸다고 말하기보다 성숙해 가는 과정으로 여겨야 합니다. 생명력은 자리를 찾아가는 과정이 중요합니다. 어떤 사역이든 7년 정도의 주기도 없이 쉽게 결론 내리는 것은 하나님의 장구한 역사를 제한하게 합니다. 하물며 팀 안에서 벌어지는 사건에 대한 해석이겠습니까? 사역자라 할지라도 팀원들은 육체성이 있는 연약한 존재입니다. 마땅히 말씀과 성령에 대한 절대 순종을 통해 다스려야 할 일이지만 한두 번 의사결정과 팀 방향에 실수가 있었다고 해서 사역자적 신뢰를 철회하는 말을 쉽게 해서는 신뢰가 붕괴됩니다. 모세가 이스라엘이 거룩한 제사장 나라가 될 것을 순간 망각하고 그들의 육체성에 시달린 나머지 얼이 빠져서 바위를 쳤던 사건으로 비전의 땅에 들어가지 못하였음을 상기합시다.

팀 리더와 팀 서브리더, 팀원, 현지인 간의 역학 관계에서 시행착오와 실수로 비롯된 결정이 있을 수 있습니다. 물론 성령과 말씀에 합당한 뜻으로 재조정해야 하지만 그렇다고 해서 의사결정에 영향을 미치는 팀원 권위 구조 간에 신뢰를 붕괴시켜서는 절대 안 됩니다. 왜냐하면, 주님의 역사는 신뢰와 믿음 없이는 불가능하기 때문입니다. 물론 종국적으로는 협력하여 선을 이루실 주님에 대한 믿음을 가져야 하지만 그분의 몸, 즉 현장 팀을 통해 나타나는 그분의 역사를 신뢰치 못하도록 대적은 통로에 대한 불신을 조장합니다. 아무리 탁월한 팀도 팀 리더와 서브리더, 팀원에 대한 불신의 말이 돌면 신뢰는 금이 가고 이러한 말들이 지속적 영향력을 가지면 팀 사역은 왜곡되어 종국에는 파탄이 나게 됩니다. 말씀과 성령을 나타낼 수 있는 팀이 권위를 가질 수 있지만, 시행착오 때문에 권위의 통로가 될 팀 권위 구조를 불신하게 함으로써 해체하는 흐름도 건강한 생명력의 기초가 될 수 없습니다.

관계적 복음의 팀 정립

1. 구성원 간 관계적 복음의 내면화

팀을 구조화하기 전에 팀 구성원이 개별적으로 어떤 기초와 수행 능력을 지녔는가는 후기 팀 빌딩에 매우 중요한 요소로 작동하기 때문에 개별 구성원의 영적 역량이 자라는 것은 매우 중요합니다. 그것은 팀 훈련 이전에 선행되어야 할 과제입니다. 이번 논의 대상은 초기 팀 빌딩에 관한 것이므로 개인 선교사 훈련에 관한 중요성을 간과하는 것이 아니라 차제에 논의 대상으로 삼을 기회가 있길 바랍니다. 다만 팀 빌딩 기초에 있어 불가분 관계에 있는 개별 구성원의 영적 기초 자질이 있는데 그것은 내면적, 관계적 복음에 대한 체질화의 여부입니다.

팀에는 항상 갈등이 상존합니다. 다만 훈련된 팀은 복음의 실존적 양상인 용서와 사랑을 더 배우는 계기로 갈등을 조정하고 조율하며 성숙해가는 반면, 복음적 기초가 훈련되지 않은 팀들은 현지에 성숙한 복음을 뿌리내리게 하기는커녕 팀 내의 관계적 죄성과 연약함도 제어하지 못하거나, 팀원을 용납하지 못한 채 갈등의 골이 깊어져 복음의 능력을 드러내기 어려워집니다. 팀 사역은 사역자 간 권위 구조로 생활과 사역이 결부된다는 점에서 관계적 복음을 통한 갈등 조정 능력이 요구되는데, 만약 이를 배우지 못한다면 팀은 초기 빌딩 이후 더 흥왕한 복음의 역사를 얻는 것이 아니라 내부 치리조차 어려워져 상당 부분 복음의 능력을 상실하고 말 것입니다.

가끔씩 이미 검증된 사역자라 할지라도 관계적 복음의 실제에 있어 매우 미숙하다는 점을 종종 발견할 때가 있습니다. 기존 목회 구조는 1인 중심의 독자적 권위를 중심으로 움직이는 사역 토양이 보편적이기 때문에 팀 사역의 수평적 관계 질서 가운데 관계적 조율을 통해 사역을 배우기보다 대부분 권위로 끌어주고 당위 시키면 되었기 때문인지도 모르겠습니다.

2. 관계적 복음에 대한 오해

사람들 안에는 관계적 복음을 말씀을 통해 이해하는 채널보다 양심을 통해 이해하는 채널이 매우 강합니다. 여러 팀들을 훈련하다 보면 관계적 복음에 대해 매우 보편적인 오해들이 발견됩니다. 첫째로, 사람들은 종종 관계적 복음이 쌍방 간의 합의를 통해 이루어진다고 여깁니다. 그것은 복음에 대한 완벽한 착각입니다. 관계적 손상이 왔을 때 쌍방 간에 용납하고 용서하면 더할 나위 없이 좋지만 그런 경우는 드뭅니다. 사람들의 관계에 있어 일방적인 잘못은 거의 찾아볼 수 없지만, 사실 완전한 사람이 없는 고로 아담은 자기중심적이어서 상대방의 잘못을 먼저 헤아리는 경향이 있기 때문입니다. 제 눈에 있는 들보는 보지 못하고 남의 눈에 있는 티를 보는 사람들의 경향을 주님은 말씀을 통해 예리하게 짚으셨습니다. 물리적으로 자기 작은 눈에 어찌 들보를 집어넣겠습니까? 아마 티끌이 들어간 눈동자에 맺히는 상은 너무 가까워서 마치 들보가 눈을 가리는 것처럼 망막에 비칠 수 있음을 염두에 둔 표현일 것입니다. 그러나 또한 제 눈동자에 들어온 티는 너무 가까워서 아예 보기 어려운 역설이 존재합니다. 아담 후손에게는 똑같이 원죄라는 티끌이 들어갔습니다. 결국 타인이나 자신이나 마찬가지이지만 사건 사건에 있어 사람들이 자신의 잘못을 인정하는 경우는 드문 것입니다. 간혹 어떤 사람이 복음의 용서와 용납대로 하고자 다른 사람에게 화해를 청했는데 그 당사자가 자신에게는 잘못이 없다고 말한다면 화해를 청한 사람은 상심이 되지 않겠습니까? 따라서 사람들은 상대방이 화해할 마음이 있고 자신도 화해할 마음이 있는 쌍방 교통으로만 용서와 용납의 노력이 가능하다고 생각합니다.

그러나 성경을 근거로 한 입장에 선다면, 복음적 용납과 용서는 일방적인 마음이라도 성숙이 있는 사람이 먼저 시도해야 하는 것입니다. 주님은 죄가 없으신 분임에도 인류를 용납하기 위해 일방적인 죄가 있는 인생들에게 다가오신 분이기 때문입니다. '만일 누가 너희에게 회개하거든 일흔에 일곱 번이라도 용서해 주라'는 말씀의 의미는 우리가 누군가의 재판관이 될 자격이 있다는 말이 아닙니다. 조금만 묵상해보면 진정한 회개를 하지 않은 죄인에 대해서 앙심과 응어리를 가지라는 말이 전혀 아님을 알 수 있습니다. 왜냐하면, 회개를 청하고 즉 잘못했다고 용서를 구하고도 일흔에 일곱 번 같은 죄를 지은 사람이 있다면 그 사람의 회개에 대해 진정성을 느낄 사람이 있을까요? 따라서 이 말씀에는 커다란 역설이 존재합니다. 즉 회개의 열매가 없는 위선적 회개라도 우리는 받아 주어야 한다는 것입니다. 복음적 용서란 일방적으로라도 하는 것입니다. 만약 상대방이 관계적 복음에 대한 화해와 용납을 택하지 않는다면 그것은 관계적 복음을 택한 쪽으로 축복이 돌아오게 마련입니다. 관계적 복음에 대해 일방적 원수라도 사랑할 수 있는 성숙이 관계적 복음을 택한 사역자에게 형성됩니다.

행위를 보고 사람을 용서할 수 있다고 말하는 사람은 근본적으로 복음을 잘못 이해한 것입니다. 우리가 서로의 행위의 경중을 따라 용서한다는 것은 행위의 율법에 기인한 것이기 때문입니다. 복음적 용서란 아담의 행위 때문이 아니라 죄 있는 아담을 향한 주님의 일방적 은혜로 된 용납을 받아들일 때만 가능합니다. 즉 사람을 보고 용납할 수 있는 것이 아니라 우리를 용납하신 주님을 보고 하는 것입니다.

관계적 복음에 대한 두 번째 오해는 기도 가운데 응답과 사인이 있을 때 주님의 도우심으로 하겠다는 것입니다. 물론 성령님의 감동 하심과 설득하심은 관계적 복음을 선택하지 못하는 이들에게 매우 필요한 도우심입니다. 그러나 깨어진 관계에서 복음은 지금 즉시 의지적 믿음으로 선택하는 것입니다. 깨어진 관계와 갈등을 가진 이들은 주님이 예배 가운데 나오기 전에 즉시 화해부터 하라고 한 말씀을 기억해야 합니다. 그것은 하나님과 만나는 예배를 제한한 정도의 시급한 사건입니다. 용서를 미루면 미룰수록 감정의 골은 깊어가고 마음은 점점 단절과 분노에 점령당하게 됩니다. 인생이 연약하기에 노력과 시간으로 용납을 택할 수 없고 복음의 역사를 믿음으로 갈등이 발생한 지금 즉시 서로를 용납하는 믿음의 결단을 연습해야 합니다.

세 번째로 관계적 복음을 선택하면서 걸림돌을 주는 오해는 서로의 죄를 고하는 문제입니다. 서로의 죄를 고하라는 야고보서에 근거해 서로가 커뮤니케이션을 통해 서로의 죄를 사해야 진정한 관계적 복음이 열매 맺을 수 있습니다. 우리는 인격끼리 갈등하고 실족시킬 수 있는 존재이기 때문에 용서도 반드시 소통을 통해 인격적으로 풀어야 합니다. 그런데 서로의 죄를 고하라는 성경적 진술에 익숙하지 않아서 우리는 복음의 은혜에 근거한 말로 죄를 고하는 것이 아니라 행위의 율법에 따라 죄를 따지는 경향으로 커뮤니케이션하는 우를 범하는 경우가 잦습니다. 행위의 경중과 유무에 따라 상대방의 잘못을 근거로 자신의 잘못된 행위의 원인을 방어적으로 진술하는 태도는 도리어 종종 죄를 고하지 않은 것만 못한 결과를 낳습니다. 상대방의 잘못된 행위를 먼저 따질 것이 아니라 그냥 내 잘못을 먼저 고하면 용서는 쉽게 열매 맺는데, 상대방의 잘못과 내 잘못을 비등하게 올려놓고 이야기하게 되면 서로 방어적으로 되고 자기 죄들을 상대방의 죄와 비추어 나누었을지라도 서로 정죄당한 느낌에 사로잡히게 됩니다.

3. 팀 갈등 조정과 치리 능력

관계적 복음을 온전히 사역자들이 성숙함으로 지켜가지 못할 때 팀이 갈등과 불화를 키워간다면 팀은 생명력의 기초 요소에 서지 못한 채 기형적 양상으로 현장을 견디게 됩니다. 그러나 팀 개개인이 복음에 대한 관계적 끈을 놓쳤다고 해서 팀이 팀원들을 방치하는 것은 정상적이지 않습니다. 복음적 생명력을 펼쳐야 할 팀이 내부 문제로만 소모되고 있다면 팀 리더를 비롯해 갈등과 불화의 중심에 서 있지 않은 팀원들이 공동체적 조정과 치리 능력을 통해 상황을 역전시켜야 합니다.

성경적 원칙에 따라 형제가 범죄한 일이 있거든 먼저 그 형제에게 권고하고 듣지 않으면 두세 증인을 세우고 점점 말씀이 회개를 촉구하는 권위를 느끼도록 팀 리더와 서브리더들이 기민하게 협력하여 권면할 필요가 있습니다. 만약 끝까지 갈등과 불화에 대해 복음적 순종을 택하지 않고 육체적 죄성과 그로 인한 파탄을 주장한다면 회중 앞에서 세워 권면할 필요가 있습니다. 만약 그래도 듣지 않는다면 당분간 현장 사역을 중단하고 회개의 시간을 가지며 본부와의 권위를 통해 사역자적 자질에 대해 제고할 수 있습니다. 대체로 훈련된 사역자라면 몇 단계의 권고를 통해 결국 관계적 복음의 용납과 용서, 회개를 통해 자유하게 되고, 팀은 갈등을 극복하는 법에 대해 성숙해져 현장에서 더 원활한 인류를 용서하는 소식인 복음의 능력에 대해 권세를 얻어 갑니다.

참고서지정보

· 도널드 트럼프, 이은주·도지영 역, 『트럼프, 강한 미국을 꿈꾸다』, 미래의창, 2017
· 가나리 류이치, 김진희 역, 『르포 트럼프 왕국』, 에이케이커뮤니케이션즈, 2017
· 오세준, 『트럼프 시대의 달러』, 원앤원북스, 2017
· 김문수, 『트럼프 시대 트럼프를 말하다』, 서교출판사, 2017
· 양종기, 『트럼프 대통령의 미국 우선주의가 세계 경제를 흔들고 있다』, 2017
· 도널드 트럼프, 권기대 역, 『CEO 트럼프 성공을 꿈꾸다』, 베가북스, 2016
· 강준만, 『도널드 트럼프』, 인물과사상사, 2016
· 김창준, 김원식 편, 『트럼프 대통령에 대비하라』, 라온북, 2016
· 도널드 트럼프, 이재호 역, 『거래의 기술』, 살림, 2016
· 조남규, 『포퓰리스트 대통령 도널드 트럼프』, 페르소나, 2016
· 안병진, 『미국의 주인이 바뀐다』, 메디치미디어, 2016
· 버니 샌더스, 『버니 샌더스, 우리의 혁명』, 원더박스, 2017
· 버니 샌더스, 『버니 샌더스의 정치 혁명』, 원더박스, 2015
· 버니 샌더스, 이영 역, 『버니 샌더스의 모든 것』, 북로그컴퍼니, 2015
· 리처드 하스, 김성훈 역, 『혼돈의 세계』, 매경출판, 2017
· 나카지마 아쓰시, 김웅철 역, 『대과잉시대가 온다』, 매경출판, 2018
· 조셉 스티글리츠, 『유로』, 열린책들, 2017
· 제러드 라이언스, 김효원 외 1명 역, 『거대한 전환』, 골든어페어, 2017
· 한국경제신문 논설위원실, 『시대의 질문에 답하다』, 한국경제신문사, 2016
· 박봉권, 노영우 외 2명, 『다보스 리포트』, 매경출판, 2017
· 매슈 크보트럽, 임지연 역, 『유럽에서 가장 영향력 있는 리더 앙겔라 메르켈』, 한국경제신문사, 2016
· 브랜든 심스, 곽영완 역, 『영국의 유럽』, 애플미디어, 2017
· 앤서니 기든스, 이종인 역, 『유럽의 미래를 말하다』, 책과함께, 2014
· 일레인 카마르크, 안세민 역, 『대통령은 왜 실패하는가』, 한국경제신문사, 2017
· 조명진, 『브렉시트를 대비하라』, 한국경제신문사, 2016
· 윌리엄키건, 데이비드 마시 외 1명, 뉴스1 국제부 경제팀 역, 『브렉시트와 신국제금융질서』, 뉴스1(news1), 2018

· 조동희, 『브렉시트 이후 EU 체제의 전망과 정책시사점』, KIEP, 2017
· 로베르트 반 데 바이어, 손도태·곽순례 역, 『이슬람과 서양』, 2002
· 조지프 스티글리츠, 이순희 역, 『거대한 불평등』, 열린책들, 2017
· 강호상, 『글로벌금융시장』, 법문사, 2017
· 해리 덴트, 안종희 역, 『2019 부의 대절벽』, 청림출판, 2017
· 이코노미스트, 『경제대예측(2017, 내일의 경제를 읽는 힘, 大)』, 중앙일보, 2016
· 안희경, 『문명, 그 길을 묻다』, 이야기가있는집, 2015
· 최연수, 『세계사에서 경제를 배우다』, 살림, 2015
· Peter Dicken, 『세계경제공간의 변동』, 시그마프레스, 2014
· 램 차란, 김현구 역, 『세계 경제 축의 대이동』, 21세기북스, 2013
· 하워드 데이비스, 정성욱 역, 『금융위기 누구의 책임인가』, 책세상, 2012
· 페르낭 브로델, 김홍식 역, 『물질문명과 자본주의 읽기』, 갈라파고스, 2012
· 홍익희, 『21세기 초 금융위기의 진실』, 지식산업사, 2010
· 경향신문 특별취재팀, 『세계 금융위기 이후』, 한스미디어, 2010
· 김용덕, 『반복되는 금융위기』, 삼성경제연구소, 2010
· 기네코 마사루, 앤드류 드윗, 이승녕 역, 『세계금융위기』, 지상사, 2009
· 손성원, 『세계 금융위기와 출구전략』, 매일경제신문사, 2009
· 미즈호총합연구소, 김영근 역, 『서브프라임 금융위기』, 전략과문화, 2008
· 찰스 P. 킨들버거, 로버트 Z. 알리버, 김홍식 역, 『광기, 패닉, 붕괴 금융의 역사』, 굿모닝북스, 2006
· 쑹훙빙, 홍순도 역, 『탐욕경제』, 알에이치코리아, 2014
· 김재수, 『99%를 위한 경제학』, 생각의힘, 2016
· 에드워드 챈슬러, 강남규 역, 『금융투기의 역사』, 국일증권경제연구소, 2001
· 폴 크레이그 로버츠, 남호정 역, 『제1세계 중산층의 몰락』, 초록비책공방, 2016
· 아자 가트, 오은숙·이재만 역, 『문명과 전쟁』, 교유서가, 2017
· 로버트 라이시, 안진환·박슬라 역, 『위기는 왜 반복되는가』, 김영사, 2011
· 데이비드 하비, 최병두 역, 『데이비드 하비의 세계를 보는 눈』, 창비, 2017
· 김규규, 『(인문학으로 읽는 하나님과 서양문명 이야기) 신』, IVP, 2018
· 조광호, 『경제위기 속에서 다시 읽는 복음서』, 한들출판사, 2015
· 존 캐버너, 박세혁 역, 『소비사회를 사는 그리스도인』, IVP, 2011

- 박영숙·벤고르첼, 『인공지능혁명 2030』, 더블북, 2016
- 고다마 아키히코, 박재현 역, 『인공지능, 아직 쓰지 않은 이야기』, 샘터, 2017
- 김재인, 『인공지능의 시대, 인간을 다시 묻다』, 동아시아, 2017
- 이대열, 『지능의 탄생:RNA에서 인공지능까지』, 바다출판사, 2017
- 클라우스 슈밥, 김진희 외 2명 역, 『4차 산업 혁명의 충격』, 흐름출판, 2016
- EY 어드바이저리, 부윤아 역, 『2020년, 인공지능이 내 곁으로 다가왔다』, 매일경제신문사, 2016
- 강시철, 『인공지능 네트워크와 슈퍼 비즈니스: 사물 인터넷, 그 다음 세상』, 리더스북, 2016
- 김의중, 『알고리즘으로 배우는 인공지능, 머신러닝, 딥러닝 입문』, 위키북스, 2016
- Saito Masanori 외 2명, 이영란 역, 『그림 한장으로 보는 IT 최신 트렌드』, 정보문화사, 2015
- 스콧 갤러웨이, 이경식 역, 『플랫폼 제국의 미래』, 비즈니스북스, 2018
- 제리 카플란, 『인간은 필요 없다』, 한즈미디어(주), 2016
- 구본권, 『로봇시대, 인간의 일』, 어크로스, 2015
- 마틴 포드, 이창희 역, 『로봇의 부상』, 세종서적, 2016
- 김진택 외 4명, 『로보스케이프』, 케포이북스, 2016
- 한국교회탐구센터, 『인공지능과 기독교 신앙』, IVP, 2017
- 크레이그 뎃와일러, 황영헌·황규준 역, 『아이갓』, 아바서원, 2014
- 레이 커즈와일, 김명남 장시형 역, 『특이점이 온다』, 김영사, 2016
- 롤랜드 버거, 김정희 외 1명 역 『4차 산업혁명 이미 와 있는 미래』, 다산3.0, 2017
- 리드 호프먼·벤 카스노카·크리스 예, 이주만 역, 『얼라이언스』, 한국경제신문사, 2017
- 토마스 슐츠, 이덕임 역, 『구글의 미래(디지털 시대 너머 그들이 꿈꾸는 세계)』, 비즈니스북스, 2016
- 도쿠오카 고이치로·후쿠하라 마사히로, 이현욱 역, 『4차산업혁명 인공지능 빅데이터』, 경향BP, 2016
- 케빈 켈리, 이충호·임지원 역, 『통제불능(인간과 기계의 미래 생태계)』, 김영사, 2015
- 마셜 밴 앨스타인·상지트 폴 초더리·제프리 G, 파커, 이현경 역, 『플랫폼 레볼루션』, 부키, 2017
- 켄 올레타, 김우열 역, 『구글드 : 우리가 살던 세상의 종말』, 타임비즈, 2010

· 로버트 로마스, 임경아 역, 『히람의 열쇠와 프리메이슨』, 루비박스, 2009
· 마크 바우어라인, 김선아 역, 『가장 멍청한 세대』, 인물과사상사, 2014
· 오찬호, 『진격의 대학교』, 문학동네, 2015
· 조너선 헤이버, 김형률 역, 『무크(대학의 미래를 뒤바꿀 학습 혁명)』, 돌베개, 2016
· 에레즈 에이든·장바티스트 미셸, 김재중 역, 『빅데이터 인문학 : 진격의 서막』, 사계절, 2015
· 데이비드 색스, 박상현·이승연 역, 『아날로그의 반격』, 어크로스, 2017
· 케빈 캐리, 공지민 역, 『대학의 미래』, 지식의날개, 2016
· 김동애, 『지식사회 대학을 말한다』, 선인, 2010
· 이언 F. 맥닐리·리사 울버턴, 채세진 역, 『지식의 재탄생:공간으로 보는 지식의 역사』, 살림, 2009
· 야마우치 마사유키, 이용빈 역, 『이슬람의 비극』, 한울아카데미, 2017
· 명지대학교 중동문제연구소 엮음, 『IS를 말한다』, 모시는사람들, 2015
· 사뮈엘 로랑, 은정 펠스너 역, 『IS 리포트』, 한울, 2015
· 마이클 와이스·하산 하산, 김정우·이예라·박지민 역, 『알라의 사생아 IS』, 영림카디널, 2015
· 로레타 나폴레오니, 노만수, 정태영 역, 『이슬람 불사조(이슬람국가IS의 정체와 중동의 재탄생)』, 글항아리, 2015
· 황중서, 『할랄인증, 황금열쇠인가?』, 한국문화사, 2015
· 하영식, 『분쟁전문기자 하영식 IS를 말하다』, 불어라바람아, 2015
· 홍준범, 『중동 테러리즘』, 청아출판사, 2015
· 안나 에렐, 박상은 역, 『지하드 여전사가 되어』, 글항아리, 2015
· 엄익란, 『이슬람 마케팅과 할랄 비즈니스』, 한울, 2014
· 장건, 조성기 외 1명, 『할랄 경제학』, 다할미디어, 2013
· 엄익란, 『할랄 신이 허락한 음식만 먹는다』, 한울, 2011
· 리처드 부커, 서광훈 역, 『이슬람의 거룩한 전쟁 지하드』, 스톤스프, 2013
· 미로슬라브 볼프, 백지윤 역, 『알라(Allah, 기독교와 이슬람의 신은 같은가?)』, IVP, 2016
· 김철민, 『국제난민 이야기(동유럽 난민을 중심으로)』, 살림, 2012
· 아이라 M, 라피두스, 신연성 역, 『이슬람의 세계사1』, 이산, 2008

· 아이라 M, 라피두스, 신연성 역, 『이슬람의 세계사2』, 이산, 2008
· 최영길, 『아랍에서 출발한 이슬람의 역사와 문화』, 세창출판사, 2014
· 누카야 히데키, 박미옥 역, 『이슬람 금융』, 살림biz, 2009
· 홍성민, 『이슬람 경제와 금융(이자사상과 이슬람 은행)』, 한반도국제대학원대학교 출판부, 2009
· 해리스 이르판, 강찬구 역, 『이슬람 은행에는 이자가 없다』, 처음북스, 2015
· 이태숙·김종원, 『서유럽 무슬림과 국가 그리고 급진 이슬람주의』, 아모르문디, 2009
· 마크 A, 가브리엘, 이찬미 역, 『이슬람과 테러리즘 그 뿌리를 찾아서』, 글마당, 2009
· 김동문, 『기독교와 이슬람 그 만남이 빚어낸 공존과 갈등』, 세창출판사, 2011
· 사이드 쿠틉, 서정민 역, 『진리를 향한 이정표』, 평사리, 2011
· 김동문, 『이슬람 신화깨기 무슬림 바로보기』, 홍성사, 2005
· 요제프 보단스키, 최인자 역, 『오사마 빈 라덴』, 명상, 2001
· 타마라 손, 김문주 역, 『어떻게 이슬람은 서구의 적이 되었는가(이슬람에 대한 서구의 오해와 편견)』, 시그마북스, 2017
· 아오야마 히로유키, 요코타 다카유키 외 3명, 이용빈 역, 『아랍의 심장에서는 무슨 일이 벌어지고 있는가』, 한울아카데미, 2016
· 타마라 손, 서종민 역, 『이슬람의 시간』, 시그마북스, 2017
· 데이비드 프롬킨, 이순호 역, 『현대 중동의 탄생』, 갈라파고스, 2015
· 엄한진, 『이슬람주의:현재 아랍세계의 일그러진 자화상』, 한국문화사, 2014
· 바삼 티비, 유지훈 역, 『이슬람주의와 이슬람교』, 지와사랑, 2013
· 정상률, 『이슬람국가론과 지대국가론』, 한국학술정보, 2013
· 임은모, 『아랍의 봄』, 이담북스, 2012
· 김종도·김효정 외 2명, 『아랍 민주주의, 어디로 가나』, 모시는사람들, 2012
· 최성권, 『중동의 재조명』, 한울아카데미, 2011
· 유달승, 『중동은 불타고 있다』, 나무와숲, 2011
· 매일경제 국제부, 『뜨거운 중동 쿨하게 읽기』, 매일경제신문사, 2011
· 알렉스 캘리니코스·크리스 하먼 외 3명, 『이집트 혁명과 중동의 민중 반란』, 책갈피, 2011
· 노암 촘스키·질버트 아슈카르, 강주헌 역, 『촘스키와 아슈카르 중동을 이야기하다』, 사계절, 2009

· 장병옥, 『중동분쟁과 이슬람』, 한국외국어대학교출판부, 2009
· 무타구치 요시로, 박시진 역, 『중동의 역사』, 삼양미디어, 2009
· 윌리엄 와그너, 노승현 역, 『이슬람의 세계 변화 전략』, APOSTOLOSPRESS, 2007
· 콜린 다이, 도움번역위원회 역, 『영국의 이슬람화』, 도움, 2009
· 샘 솔로몬, 도움번역위원회 역, 『무슬림 헌장 제안서』, 도움, 2008
· 홍성민, 『행운의 아라비아 예멘(예멘의 통일과 일리 압둘라 쌀레)』, BG북갤러리, 2006
· 이희철, 『튀르크인 이야기』, 리수, 2017
· 류광철, 『누가 이슬람을 지배하는가』, 말글빛냄, 2016
· 램지 바루드, 최유나 역, 『이슬람 전사의 항과 투쟁』, 산수야, 2016
· 아른 바이락타롤루, 정해영 역, 『세계를 읽다 터키』, 가지, 2014
· 쉴레이만 세이디, 곽영완 역, 『터키 민족 2천년 사』, 애플미디어, 2012
· 앤드류 망고, 곽영환 역, 『무스타파 케말 아타튀르크』, 애플미디어, 2012
· 빌프리프 뢰리히, 이혁배 역, 『종교 근본주의와 종교분쟁』, 바이북스, 2007
· 이희철, 『오스만제국과 터키사』, 펴내기, 2001
· 이희수, 『터키사』, 대한교과서, 1993